沙迦酋长

苏尔坦·本·穆罕默德·卡西米自传

IV

文化，教育，变革

1987—2004

［阿联酋］苏尔坦·本·穆罕默德·卡西米 著

侯萍 译

江苏凤凰文艺出版社
JIANGSU PHOENIX LITERATURE AND ART PUBLISHING, LTD

图书在版编目（CIP）数据

沙迦酋长苏尔坦·本·穆罕默德·卡西米自传. 4，文化，教育，变革：1987—2004/（阿联酋）苏尔坦·本·穆罕默德·卡西米著；侯萍译. — 南京：江苏凤凰文艺出版社，2017.10

ISBN 978-7-5399-4851-5

Ⅰ. ①沙… Ⅱ. ①苏… ②侯… Ⅲ. ①苏尔坦·本·穆罕默德·卡西米—自传 Ⅳ. ① K833.877=6

中国版本图书馆 CIP 数据核字（2017）第 213023 号

著作权合同登记号　图字：10-2016-601 号

书　　名	沙迦酋长苏尔坦·本·穆罕默德·卡西米自传 4 文化, 教育, 变革 1987-2004
著　　者	［阿联酋］苏尔坦·本·穆罕默德·卡西米
译　　者	侯　萍
责任编辑	孙　茜
出版发行	江苏凤凰文艺出版社
出版社地址	南京市中央路 165 号，邮编：210009
出版社网址	http：//www.jswenyi.com
印　　刷	三河市华东印刷有限公司
开　　本	718 × 1000 毫米　1/16
印　　张	12
插　　页	4
字　　数	160 千字
版　　次	2017 年 10 月第 1 版　　2020 年 1 月第 2 次印刷
标准书号	ISBN 978-7-5399-4851-5
定　　价	198.00 元（全四册）

（江苏凤凰文艺版图书凡印刷、装订错误可随时向承印厂调换）

作者与本杰明·拉德纳共同签署沙迦美国大学和华盛顿美国大学之间的技术合作协议（1997）

作者与高等教育部长谢赫纳哈扬·本·穆巴拉克殿下和国家高级官员在沙迦美国大学落成典礼上（1998）

作者与谢赫纳哈扬·本·穆巴拉克殿下和国家高级官员在沙迦大学落成典礼上（1999）

作者与谢赫纳哈扬·本·穆巴拉克殿下在沙迦高等技术学院落成典礼上（1999）

作者在沙迦美国大学第一届毕业生毕业典礼上发表演讲（2001）

在沙迦警察科学学院永久总部成立典礼上（2001）

作者与国家高级官员在沙迦警察科学学院第一届毕业生毕业典礼上（2001）

作者在沙迦大学第一届毕业生毕业典礼上（2001）

作者和贵宾在沙迦双年艺术展上

作者和贵宾在沙迦双年艺术展上

作者在沙迦艺术博物馆为纪念匾揭幕（1995）

作者在沙迦伊斯兰博物馆开幕典礼上剪彩（1996）

作者在沙迦舒维赫恩区艺术领域开幕式上剪彩(1995)

作者主持沙迦的沙漠公园和自然史博物馆开幕式（1995）

作者在巴黎UNESCO会议上发表演讲（1998）

庆祝沙迦当选阿拉伯世界文化之都纪念碑（1998）

作者出席巴黎UNESCO会议（1998）

目 录

Contents

序言

我这部回忆录第四卷述及范围颇为广泛。回忆了我亲身经历的一些国际、地区、国民和地方事件，这些事件关系到沙迦酋长国的统治与发展。

在日程紧张的外交访问期间，处理国际事务的方方面面，尤其关系到我致力于加强并发展与外国的国际纽带方面，我到访的国家包括中华人民共和国和西班牙王国；意义特别重大的是，关系到我着重支持与服务的穆斯林，并关系到穆斯林在自己国家中的勉力修为。本卷还提到我在教育、艺术和文化方面获得的国际学术奖项和公民奖项，为此深感喜悦而满足。

关于地区事件的章节，涉及到萨达姆·侯赛因发动的入侵科威特，以及后来由此引发的解放运动。关于国民事件方面，我详细叙述了阿拉伯联合酋长国(UAE)的建立及其提供的构架。此外，需要特别提到的阿联酋历史上的另一个重大事件是，阿联酋两位开国元老的去世：前副总统拉希德·本·赛义德·阿勒马克图姆酋长殿下和前总统谢赫扎耶德·本·苏尔坦·阿勒纳哈扬酋长殿下。

占据本卷主要部分的内容述及沙迦酋长国的要事，特别是关于国民福利、教育和文化领域的发展，以及逐步增强文明社会的优雅细节和改善程度。此外，我还纳入了相关个人细节的描述，以及竭尽所能担任沙迦酋长的经历。

我希望真主会接受这部回忆录，那将有助于众多研究人员深入研究阿拉伯联合酋长国的历史。

第一章

沙迦：经济、教育、文化

我回到沙迦一个星期以后，随着政变未遂，政局恢复正常。[1]1987年6月30日，总部设在伦敦的《中东日报》刊登了我的第一次新闻访谈内容。我声明说，目前最重要的事情是重整家园，处理事件造成的后果。

在答复关于沙迦经济形势方面的问题以及改善措施时，我说道："在我们不断增长的经济形势方面，没有什么阻碍。我们有办法也有愿望去巩固我们的经济和发展。沙迦政府决定与阿莫科石油公司（AMOCO Oil Company，系美国洛克菲勒财团组建的一家石油公司，成立于1889年，原名印第安纳美孚石油公司——译者注）合作，该石油公司正在沙迦进行石油勘探，有望从明年开始实现大约五千五百万美元的政府岁入。"

我还宣布了发现新油田的消息，该油田初期日产量可达五千桶。在开发阶段期间，沿海地区的日产油量将增加到两万桶，沿海地区当初的产油量业已达到每日六千桶。"在沙迦，

1　沙迦于1987年6月经历了一次短暂的未遂政变。

另外还有三个勘探地点正在进行挖掘，所有迹象都令人非常乐观。”我补充说。

社会活动和文化活动

1987年9月12日晚，我在沙迦文化中心为第七届阿拉伯盲人训练营举行开幕式。与会嘉宾有盲人营员们，有他们的酋长，还有总理、政府高级官员以及外国的外交使臣。该训练营一直持续到9月19日。

1987年9月26日，我又在沙迦文化中心为第二届GCC（Gulf Cooperation Council，GCC是海湾阿拉伯国家合作委员会的英文缩写，该机构于1981年5月在阿联酋阿布扎比成立，其成员国为沙特阿拉伯、科威特、阿拉伯联合酋长国、卡塔尔、阿曼苏丹王国、巴林王国等国——译者注）青年戏剧竞赛举行开幕典礼。该赛事于10月1日结束。

1987年11月4日上午，我为第六届沙迦图书展览会举行开幕式。这次书展持续到11月15日，共有22个国家参展，300家出版社共计展出四万种图书。我在书展上参观了许多阿拉伯国家和外国的展台，听了新书发布介绍和有关参展重要性的讨论。此外，我还出席了几个参展出版商举办的新书发布会。

在活动结束时，我向媒体发表了讲话，表达了我出席这种文化盛会的愉悦之情，指出这不仅仅是一个商业展会，这次书展上展出的图书种类，已经超过以前所有书展的数量。“每个参观书展的人都会注意到，从阿拉伯湾到大西洋，所有阿拉伯国家都来参展了。”我说。接着，我表达了自己的愿望，希望本次书展实现其传播知识和文化的目标，让各种各样的图书能够亲近每位读者。

1987年11月17日，我在沙迦文化中心为社会学协会组织的第一次海湾阿拉伯国家合作委员会（GCC）社会与文化论坛举行了开幕式。该论坛一直持续到11月20日。许多与会者来自巴林、科威特、阿联酋社会学协会，还有人来自沙特阿拉伯、卡塔尔、阿曼，此外还有GCC总秘书处的代表以及来自总部设在巴林首都麦纳麦的GCC劳动与社会事务部长理事会的观察员。

教育与培训

1988年1月17日，我在沙迦赛义夫宫主持了技术发展委员会第一次行政管理会议。该委员会于1985年9月1日成立，由苏尔坦·本·哈立德·卡西米酋长担任主席。委员会制定了其战略目标以后，在阿卜杜尔·拉赫曼·本·阿里·阿勒乔哈尔阁下的主持下，每两年定期召开一次会议。

该委员会获得授权，根据最新管理准则，培训高级经理、中层管理与行政管理人员。该委员会还需关注创办一个专业培训中心，以便测评地方政府管理机构的业绩，相关人员还需学习合适的业绩基准。另外，作为将来的目标，还需改组行政管理机构并提供技术培训。

1988年1月20日上午，我接见了沙迦伊玛姆·艾哈默德·本·罕拜尔学校的几名学生，他们正在参加第七届学生领袖社会预备营的活动。本次活动由教育部组织组织，时间从1月16日到21日。

我在与学生们的交谈过程中，要求他们为了实现祖国的进步与繁荣，需要得到穆斯林社会团体树立的众多楷模的引导，将一个原本简单的社会，发展为在所有科学知识范畴内堪称先进的社会。

我还讲述了师生之间的双向关系如何作为教育成功的基础，以及力争成为慈爱父母的重要性，这样的父母完全值得儿女尊敬。我强调说，教师不同于任何其他雇员，他们不仅仅只是打工挣钱的人，因为良好的教育才是传授真才实学的基础。此外，我还要求教师具备强大的人格魅力，通过言传身教成为学生的榜样。我同时指出，我们的国家，在谢赫扎耶德·本·苏尔坦·阿勒纳哈扬总统和最高委员会成员阁下的领导下，已为在国内外求学的本地大学生提供了充足的机会。因为以前几代人没有获得这种机会，所以我希望并期待我们的年轻人能够利用这些机会，为他们自己、同样也为他们的国家，创造出一个光明的未来。

关于不受负责人或时间变化而产生影响的现行教育政策问题，我在回答这个问题时说道，阿联酋是个新近才成立的国家，教育部正在根据国家变革现阶段的需求进行重整和改革，我们始终应该牢记这一点，就是希望将来会发展一个战略性更加持久的教育政策。

关于职业教育问题，我说现在提供的职业教育，以培养手工作业的毕业生为基础——眼下这个观点尚未被学生们接受。我表达了自己的愿望，希望教育部能够以更加广泛更加真诚的方式，发展这个教育领域，注重教授复杂的技术能力，这样工业学校的毕业生就会学到本领，能够满足不同社会部门的需要。我认为，一所工业学校，如果培养出来的电气工程专业学生并不具备实际生活经验，这样的学校还有什么用。为了终止这种局面，我说自己已经准备为工业学校的学生，竭尽全力提供电力供应权威机构的服务，以便让他们能够获得实际生活经验。只有具备这种经验，毕业生才能人尽其才地在社会中找到自己的合适岗位。 我表达了自己的愿望，希望得到教育部官员的积极回应，保持思想一致。

我对学生们提出了建议，认为他们中间倾向于接受技术教育的人，应该转到工业学校，而不必草率进入综合教育学校求学，因为与技术领域所需要的毕业生数量相比，综合教育学校的毕业生已经供过于求了。同时，为了让技术类毕业生能够在社会中发挥积极的作用，而不是成为社会的负担，我们需要提供专业领域所需的技术人才。

关于发展体育俱乐部和推广科学、计算机、文化和艺术俱乐部这个问题，我在答复中呼吁学生们，不要低估体育活动的重要性：“除了根据其需要提供这些俱乐部之外，我们希望还要让文化和科学俱乐部得到发展，并且具有多样性。”然后我表扬了一些开展文化活动的体育俱乐部，譬如迪拜阿里俱乐部。我感谢了俱乐部的负责人，感谢他们在此方面付出的努力，祝愿他们取得成功。我还说道，建议设立以文化为宗旨的独立俱乐部，以便让各个俱乐部受到必要的注意与关心。

我坚持认为，小学教师应该受过良好的教育并且非常称职，因为他们负责的小学教育阶段至关重要。我敦促教育部，在这个制度基本形成阶段，尤其在当评估教师的资质和职业操守时，应该特别注意我国儿童的福利，因为这个阶段的学生容易受到潜在的心理和学术影响。

我还提到学校上下学时间的问题，提到这个问题对某些家庭工作日程的影响，此外还提到了学校之间出游和参观的规定时间。我说道，在过去两年里，我们与沙迦教育部合作制订了一个计划，该计划惠及沙迦所有居民区的大部分新建学校。该计划将允许学生就近入学，以便最大程度地减轻学校和家庭的压力。

即将结束讲话时，我强调了教育的重要性，并指出我们需要把重点放在学生的学习质量方面，放在对教师的特别关心方面。我还劝告学生要听从教师教导，今日事今日毕，不要拖延到明天。

全国巡视

自1988年2月14日开始，沙迦遭遇了持续四天的罕见暴雨，德海达、穆达姆、马利哈、菲力和其他地区无一幸免。于是，我进行了全国巡视，检查一切事务是否运转正常，检查相应机构是否尽职尽力，为他们辖区的居民提供安全保障并维持秩序。

1988年2月18日上午，我沿着沙迦－德海达公路，视察了巴特哈－拉菲亚地区，这是受到冒雨侵袭的低洼地区。我指示相关地方机构应该全力总动员，尤其要设法满足居民的需求，因为沙迦已经多年没有遭遇暴雨。

1988年2月21日，我视察了位于法坎河流域石谷里的鲁菲萨大坝。大坝宽150米。当时水位深度为25米，蓄水量已经达到2亿加仑。大坝功在保护周边居民区，并满足居民饮水与灌溉需求，特别是现在，法坎河已经吸纳了25厘米雨水。大坝工程于1984年6月开工，历时两年才竣工，耗资2500万阿联酋迪拉姆（缩写：AED，全称：Arab Emir. Dirham——译者注）。

1988年2月29日上午，我沿着沙迦－德海达公路，视察了戈哈迪－玛斯纳德地区。我从监视屏上看到山谷和低洼地，都淹没在流自舒维布和巴特哈河道的大水中。

经济

政府规划实施双轨并行：其中一个措施旨在对社会投入大量资金，提高国民生活标准。在1986年和1987年的两年之内，向受到城市新规划影响的人群支付补偿金，总计达到6000万阿联酋迪拉姆。到1988年的年中，政府又向受到类似影响的200人支付了2100万阿联酋迪拉姆。另外，政府又花费了2200万阿联酋迪拉姆，用于补贴沙迦酋长国的新毕业生和官员，资助他们开始自己的新生活，同时也要求他们承担起生活和社会责任。

另一个措施涉及天然气投资。1982年12月8日，酋长国石油总公司（也称作酋长国）与阿莫科驻沙迦石油公司之间签署了一个天然气出售协议。该协议的签署，旨在为酋长国北部发电厂和供水厂的运营提供天然气。开始供气日期定于1983年11月1日。

当酋长国停止付款时，两个公司之间产生了财务纠纷，于1992年4月29日达成解决方案之后，该协议终止。由于这个解决方案，沙迦政府收到120亿阿联酋迪拉姆，而阿莫科只收到3亿阿联酋迪拉姆。

1978年11月8日，沙迦政府又与阿莫科签署了一个让步协议，购买阿莫科60%的股份，沙迦政府以每股83.2美元的价格购入。该协议于1988年1月31日开始生效。

沙迦图书展览会

1988年11月2日上午，我在沙迦世界博览会中心为第七届沙迦国际图书展览会举行开幕式。本次书展由沙迦文化信息部组织，代表25个国家的400个阿拉伯和外国出版商参展，数量比前一年增长了33%。书展于11月13日闭幕。

这次盛会展出了多种语言的六万五千多种图书，涉猎范围甚广，包括伊斯兰文学和科学、手工艺、建筑学、天文学、经营管理、计算机、卫生与历史。在参观书展期间，我赞扬了举办方的工作和付出的努力、参展方的水准，以及出版商和出版物的广度与深度。我还呼吁鼓励研究工作，成立阿拉伯研究中心，以便出版商能出版优质图书。我呼吁发展阿拉伯国家与世界其他国家之间的科学与文化交流，强调允许研究人员翻译有益于阿拉伯世界著作的重要性，这将有助于纠正被世人扭曲的阿拉伯史概念。

我表达了自己的愿望，希望书展能够吸引公众参加书展期间组织的论坛和讨论会，他们便可趁此良机接触到不同语言的各种图书。我还强调需要特别注意为儿童提供适宜图书的重要性，如果那样做了，对于开放儿童的理念和知识可谓功莫大焉。

在沙迦警察总署出版的1988年11月15日那期《警方》杂志的一次访谈中，我说："正如饥饿的人会饥不择食一样，连腐烂的动物尸体都吃，那么人类的头脑，如果产生知识饥饿的话，也会接受任何东西，包括不常见的智能产物。因此，至关重要的是，我们不应该为愚昧无知提供肥沃的土壤，以便保证我们的头脑只接纳健康的养分，而避免吸收不健康的养分。"

我还谈到关于沙迦如何被视为开展民族与文化活动舞台的问题，提起了最近在第七届国际书展上举办的活动。"年复一年，我们汲取了知识精华，全然得益于这样的展会。此前，参观者常常会东张西望，寻觅他们认为自己喜欢阅读的书籍。如今，我们注意到，他们会寻找一些主题明确的图书。这就意味着人们已经真正开始读书了，意味着某些主题吸引了他们。”

我说道：“书上的知识得以传播，其实还有其他途径，譬如电视。向电视观众介绍某些图书的电视节目，也可以传播知识，可以鼓励他们收藏自己喜爱的出版物。另外，沙迦电视台即将开播一档节目，以某本图书为题举行竞赛，参赛者必须熟悉书籍内容。这将引起广大观众注意，使之从这种知识中受益，”我补充说。

在回答如何理解我们阿拉伯传统与历史的相关问题时，需要区别于任何其他宣传概念。我说，在阿拉伯湾地区，我们具有三个特征：

> 我们是阿拉伯半岛居民，这就是说我们必须保护我们特有的海湾传统和习俗；
>
> 我们是阿拉伯人，这就意味着我们必须保护我们的语言和阿拉伯历史遗产；
>
> 我们是穆斯林，这就是指我们必须坚持我们的伊斯兰价值观，坚持遵循我们宗教的崇高教义。

在沙迦，事实就是如此清晰无比，想要混淆都难，因为我们所做的一切，并非什么新鲜事；不争的事实是，我们不仅复兴了几百年之久的古老知识，而且还呼吁阿拉伯联合酋长国和阿拉伯湾地区的每个人承诺坚守那些价值观，为自己的传统和阿拉伯语而感到骄傲——阿拉伯语是真主之书《古兰经》的语言。

谈到沙迦电视台及其发展情况，我说电视媒体是一把双刃剑，具有水能载舟亦能覆舟的功能。对媒体的应用正确与否，这才是问题的关键。实际上，家家户户都有电视机这个事实，就意味着潜在的危险。

就这样，不管你愿意不愿意，电视节目的内容就一路畅通涌进了千家万户。结果，我们便水到渠成地使电视机成为服务公众的有益工具。当沙迦电视台开播时，我曾说过，电视台打算承担起教育使命，还将批评社会上出现的弊端。

我还表扬了警方所有人员付出的不懈努力，这就应该提到警察部门最近的骄人功绩，他们最近破了多起刑事案件，并致力于追踪亡命之徒。“我向穆罕穆德·哈里法·穆埃拉先生表达了自己对沙迦警官和警员屡屡成功破案的钦佩和欣赏之情。我希望警官晋升应该根据工作业绩和智力进步，而不是以担任某个警衔的服务时间为依据。”我说道。

1988年3月25日晚，我为沙迦体育俱乐部主办的第六届GCC足联冠军锦标赛举行了开幕式，锦标赛持续到4月5日。除了沙迦主队以外，还有四支客队参加本届锦标赛：分别是来自沙特阿拉伯的伊地法格足球队、来自巴林的里法足球队、来自科威特的卡兹马足球队和来自阿曼的梵加足球队。

1989年1月9日，我为伊本·马基德遗产复兴科学论坛举行了开幕式。当晚，该论坛在沙迦文化中心正式开始。

创建沙迦电视台

为了迅速创建沙迦电视台，大家都在夜以继日地工作。其实，虽然这个项目没有赶上第七届沙迦书展，但正好赶上了沙迦儿童文化节。

1989年2月11日上午，我为沙迦电视台举行了创立仪式，出席仪式的宾客有几位酋长，有当地机构的资深领导和主任，此外还有资深媒体记者和外国领事。

我参观了电视台各个部门，认为值得为创办电视台做出努力，电视台的价值远远超过其耗资。创建电视台的宗旨是根据伊斯兰教的教义和价值观，协助构建起一个主流文化建筑在文明和知识基础上的社会。

在首次接受沙迦电视台访谈时，我说随着时间的推移，蕴藏在开创电视台背景后面的思想和抱负，很快就会彰显无遗。我还强调了电视在服务社会过程中所发挥的重要作用，我说“电视是一把双刃剑：一方面可以用于教育、指导和激励；另一方面，也容易被滥用和误用。”

我呼吁使用有节制的、建设性的批评机制，旨在鼓励社会应该特别关注家庭与儿童，维护我们的价值观，保卫我们的祖国。我坚持认为，这是实现社会进步的最佳措施。

我对电视台工作人员发表讲话时说道：“我们把这个危险的武器托付给你们。我要求你们保证，允许带进自己家里的内容，都是正派体面的，我要求你们要弘扬我们的伊斯兰价值、习俗和传统。”

我还强烈要求电视台播出的内容，应该鼓励美德、规避恶习。我说，优秀素材比比皆是，非常充足。一个称职的委员会，应该制定规章制度，去控制节目内容，防止传播具有可疑性质的任何东西。“这些规章制度，适用于国家电视台所有工作人员。”

第五届儿童文化节

在沙迦电视台举行创立仪式的同一天下午，在伊蒂哈德广场举办的沙迦儿童文化节上，电视台现场直播了儿童文化节的一些新闻剪辑。[1]

那一天，《伊蒂哈德报》上引用了我的讲话，说必须注意教育母亲，因为母亲会奠定正确培养孩子的基础，母亲是家庭的脊梁。“我们希望我们的孩子能够根据某些导则进行互动，对世界敞开自己，这样可以帮助他们运用广泛的先进技术优势和知识优势，我们这个世界必须为他们提供这些优势，从而避免他们的价值观和理想受到负面影响。我呼吁建立最高国家机构，担负起教育儿童全面发展的责任，包括针对课程大纲所担负的责任。我要求媒体复审对儿童传播的内容，应该全面考虑向整个社会传播知识和文化过程中所发挥的重要作用。关于需用于儿童适当发展的问题，保护儿童身体、心理和情绪方面的问题，我要求教育机构提供恰如其分的呵护。他们必须延伸母亲培养孩子的作用，补充家庭和家人的温情。”我又说道。

我要求作家和文人学士留意教育我们的孩子。我还表达了自己的愿望，希望这个愿望能在第五届儿童节活动中得以实现，在促进儿童发展的节目中得到表现。我竭力主张，我们未来的几代人，应该放在纯粹的阿拉伯和伊斯兰环境中培育成长。

谢赫扎耶德访问沙迦

1989年7月4日，阿联酋总统谢赫扎耶德·本·苏尔坦·阿勒

1　那一天，新的伊蒂哈德（联盟）纪念碑一直被覆盖着，直到阿联酋国庆节那天，即1989年12月1日我才亲自揭幕。

纳哈扬殿下前来访问沙迦。我在沙迦政府大厦恭迎殿下，欢迎晚宴也在这里准备完毕。同时出席会见的还有其他酋长国酋长和最高委员会委员。谢赫扎耶德遇到了一些市民，像平常一样，他碰见市民时，总会有啥说啥地聊上几句。

1989年1月10日，我前往苏哈尔访拜访阿曼苏丹卡布斯，地点在他的巴加安扎农场。苏丹陛下设宴欢迎我到访，宾主双方友好地讨论片刻以后，我便向他告别，返回沙迦。同一年晚些时候，10月29日，苏丹的游艇苏尔坦妮－赛义德号抵达沙迦哈立德港。我安排了接待，欢迎陛下访问阿联酋。我陪同陛下前往沙迦政府大厦，我们进行了友好的讨论，然后共赴午宴，出席午宴的还有很多沙迦酋长和高官显要。午宴之后，我们前往半岛公园，极目眺望哈立德湖，那里特意安排了民间舞蹈表演、游泳比赛和划船竞赛。沙迦电视台现场直播了所有欢庆活动。当天晚上，在卡布斯苏丹启程前往哈伊马角萨德尔港之前，我到苏丹的游艇上探望了他。

在伊斯兰教历1410年3月16日（1989年10月15日）上午，我抵达圣城麦加朝觐。之后，我前往麦地那瞻仰先知穆罕默德陵（愿真主赐予他平安），并且做了晌礼。接待我的是几位王子殿下，后来我们与两座圣寺的监护人一起共进晚餐，午夜才返回沙迦。

1989年11月22日，马克图姆·本·拉希德·阿勒马克图姆酋长殿下、副总理和迪拜王储，出席了招待晚会，招待阿联酋市民中产生的硕士和博士研究生，以及拉希德杰出学术奖得主。在庆典开始时，先奏起阿联酋国歌，招待会东道主马克图姆酋长殿下，为我颁发了嘉许状和拉希德杰出学术奖。

1990年2月25日，我在沙迦科威特广场为科威特纪念碑揭幕。揭幕仪式正好选在科威特国庆节这一天。由科威特外交部长谢赫塞勒姆·萨巴赫殿下率领的科威特高层代表团，出席了盛大庆祝典礼。

然后，为了纪念这个时刻，我和谢赫塞勒姆共同为新建的两条公路和两所学校举行了开幕典礼，这些项目的落成表达了真挚的感激和忠诚。阿联酋全体公民和沙迦部分公民，感谢同宗同源的科威特人民，特别感谢科威特在1953－1972年期间，为了支援和开发沙迦的很多公共服务设施所做出的贡献。

第二章

科威特遭遇入侵

1990年5月28日至30日，在巴格达召开的第七届阿拉伯成员国联盟特别峰会的总结性声明，焦点是巴勒斯坦问题以及阿拉伯人民的权利与更大利益问题。

峰会还庄严声明了它的承诺，要求对阿盟正在担当的泛阿拉伯角色承担义务。事实上，阿盟本身就是一个为阿拉伯国家全面联合行动提供体制架构的重要组织。声明强调了联合发挥阿盟及其各个机构效用的重要性，承诺要与其他阿拉伯国家和地区组织协调，提供实施其各项规划必须的所有需求，并承诺要增强阿盟与地区组织、国际组织的联系。

然而，就在几个月以后，这个声明的每一个希望与抱负都成了一纸空文。1990年8月2日，伊拉克军队对科威特发动了军事攻击。短短两天之内，科威特整个领土都处于伊拉克的军事控制之下。为了让事态更加难以置信、更加荒谬绝伦，萨达姆·侯赛因成立了一个傀儡政府，即所谓的“科威特共和国”，任命阿拉·侯赛因上校出任总理。这个所谓的共和国仅仅存活了四天，因为在8月9日，伊拉克政府便宣布并吞科威特，宣布科威特成为伊拉克的第九个省。

萨达姆·侯赛因还撤销了两国互设的大使馆，更改了街道名称，下令洗劫公共设施与机构，处决和拷打无辜的科威特人民。科威特民众纷纷逃离祖国，流落到世界各地，抛弃了他们的全部财产，生死由命，前途难卜。

在两伊战争期间，科威特和沙特阿拉伯曾在经济上支持过伊拉克，仅仅科威特一国就援助了大约140亿美元。当伊拉克要求科威特免除这笔债务时，遭到科威特拒绝。此外，伊拉克还欠下几家国际银行500亿美元的债务。伊拉克无力还债，便指控科威特和阿联酋增加石油产量并强行压低石油价格，旨在对伊拉克岁入造成消极影响。令人极其不可思议的是，根据OPEC的统计数字，在增加石油产量的十个国家中，伊拉克也榜上有名。撇开这点不说，届时科威特和阿联酋已经遵循OPEC就各石油生产国产量定额所作出的规定，降低了其石油产量。

萨达姆·侯赛因还信口雌黄，指控科威特在伊拉克边境进行石油勘探，特别是在位于科威特和伊拉克边境之间的阿勒鲁迈拉油田作业。伊拉克原本可以遣散在伊拉克边境油田这一侧作业的科威特工人，结果却选择了入侵科威特。

酋长国保卫科威特

伊拉克占领军武装部队赶走成千上万的科威特人，并洗劫了他们的财产，包括各种证件，譬如护照、驾驶证等等。伊拉克占领军有计划有系统，蓄意要把所占领城市的生活变成难以忍受的人间地狱。他们在所有心灵中注入担忧，在科威特四处制造恐惧和死亡的阴影。

阿联酋号召国民自愿参战保卫科威特。酋长国民众积极响应号召，一时兵员大增。他们和士兵一样接受训练，于1990年8月2日傍晚举行了毕业典礼。国家总统，军队最高司令官，谢赫扎耶德·本·苏尔坦·阿勒纳哈扬殿下出席了毕业典礼。出席毕业典礼的还有联邦最高委员会成员——各酋长国酋长殿下（联邦最高委员会由7个酋长国的酋长组成，为阿联酋最高权力机构——译者注）。毕业典礼在扎耶德军事城举行，由第一届毕业生组建的20个营，全体官兵都参加过为期六周的军事训练营，接受过使用各种武器的理论与实战训练，此外他们还通晓各种军事要领。

谢赫扎耶德·本·苏尔坦·阿勒纳哈扬殿下强调了海湾地区正在经历的严峻局势，特别指出这是该地区历史上前所未有的局势："对于我们所有人来说，这是警钟，我们要保持警惕，时刻准备面对可能发生的各种事情。我希望这场灾难很快就会结束，遵循真主的旨意，我们将看到没有伤害会降临我们的国家，我们都将生活在和平、幸福、安全和稳定的环境里。"

殿下还表达了他的自豪与幸福之情，因为他和联邦最高委员会成员——各酋长国酋长殿下，正在见证酋长国志愿兵所表现出的纯真爱国热情，这些志愿兵在如此艰难的时期，能够刻不容缓地积极响应祖国的号召。"我衷心欢迎他们入伍，我向志愿兵的亲属表示祝贺，我为这个祖国的儿子们，所表现出来的高度爱国主义、勇气和襟怀，感到由衷的欣慰。这是承蒙真主所赐予他们的真正天赋，让他们立刻出征捍卫祖国，保护祖国以及祖国的成果。当这个考验提醒我们想起自己的责任和义务时，我还要赞美真主，赐予我们神圣援助，"他说。"今天是个值得庆祝的日子。这个国家的公民，无论长幼，都无比喜悦无比幸福地见证了我们志愿兵的毕业典礼，他们将跟随着父辈和祖先的足迹，前人的精神呼唤他们坚守骑士品质和牺牲精神。”他又补充说。

最后，殿下还向军队全体军官表示感谢，感谢这些军官在创纪录的较短时间内，训练出那些年龄在12至16岁之间的志愿兵。在接受阿联酋通讯社采访时，殿下强调说，遍及全世界成千上万的阿联酋人，无论男女，都涌向各个军事中心，决心响应祖国的号召，保卫自己的国家。“他们所做的一切，令人联想起他们的祖先做过的事情。认识到自己对祖国的责任，认识到对祖国和祖国人民担负全部责任的国家领袖，的确是每一位有良知的公民应尽的责任。一个优秀公民，应该视自己的祖国为个人生命的源泉。为了一个对自己的儿女慷慨给予的祖国，显然值得牺牲自己的生命，这一点毋容置疑；同时，也值得奉献出自己的真诚、毅力、忍耐和劳作。”他补充说。

在采访即将结束时，殿下说：“没有什么能够替代一种体面的生活。然而，皮之不存毛将焉附？所以说，没有一个可以安身立命的祖国，体面的生活便不复存在。我希望阿联酋的儿女，能够享受一种体面的生活，尤其希望我们的生活安宁，能够保证我们自己和我们的孩子，都能过着这样的生活。承蒙真主的神佑与旨意，这个国家将永远是个生活幸福安定的天堂。”

科威特人在沙迦

1990年11月4日傍晚，我接见了出席“一切为了科威特”晚会的宾客，意在表现众志成城的决心。晚会在沙迦文化中心大剧院举行，主办方是沙迦文化信息部，协办方是卡塔尔艺术家促进会暨科威特兄弟艺术团。

晚会开始时，我对科威特和卡塔尔艺术家表示了欢迎，他们都是这次活动的嘉宾。我强调了艺术家发挥作用的重要性，提到他们在祖国经历的所有阶段中，尤其在艰难时代，他们所做出的卓有成效的贡献。我还指出了当前在支持科威特兄弟姐妹时，我们同心协力的重要性。

我赞扬了阿联酋和卡塔尔艺术家与科威特艺术同行通力合作，保证晚会演出成功，表现出该地区居民万众一心的气概——不计结果好坏。我指示沙迦文化信息部官员，促进举办这类活动，旨在强调艺术界合作的重要性。

此外，我还鼓励与会艺术家主办比较类似的活动，特别是针对有重大影响的庆祝盛典，以最吸引人的方式，向公众展示他们的艺术成就，这样更适合通过切实可行的媒介渠道广泛传播。

1990年11月22日上午，我接见了科威特外交大臣谢赫塞勒姆·萨巴赫阁下和公共事务大臣贾塞姆·穆萨阁下，届时二位正在阿联酋访问。在赛义夫宫举行的一次会议期间，我们讨论了海湾地区局势的最新发展和伊拉克入侵科威特的后果，此外还讨论了国际社会和阿拉伯社团针对该危机争取达成解决方案所做出的努力，为了让科威特在其合法领导的统治下重整山河，再现一个和平、独立、自由的科威特。

1990年11月28日接近中午时，我在赛义夫宫接见了正在阿联酋访问的科威特教育大臣阿卜杜拉·戈内姆博士阁下。

1990年12月4日中午之前，我在赛义夫宫还接见了世界伊斯兰学生大会委员会的成员。这次大会于11月25至28日在沙迦举行，大会宗旨是与科威特团结一致。大会横幅上写着：为了伊斯兰世界中的科威特事件。代表团成员感谢我主持他们的这次大会，感谢沙迦政府为大会安排提供便利时所发挥的主要作用。

我称赞了科威特学生在会议期间的表现，对他们为了拯救祖国所做出的努力表示祝福。我对他们强调说，沙迦将始终如一地支持科威特的正义事业，直至站在正义一方的科威特恢复秩序，因为到那时安全和稳定才能重回海湾地区。

值得注意的是，这次大会成了一个国际事件，大约有一万人参加会议，上午和晚上会议不断，其中包括一些公众论坛，媒体对此作了广泛报道。在播报大会活动时，沙迦电视台发挥了主要作用。

1990年12月5日晚上，我在赛义夫宫接见了科威特人民代表团。该代表团由另一位公共事务大臣赫穆德·优素福·尼斯夫阁下率领。在会见期间，我们谈到了科威特危机，还提及伊拉克持续占领可以引起的后果。同时，我还赞扬了科威特人民的崇高立场，他们团结在合法的领导后面，赢得了世界的尊敬，世界舆论支持他们的战斗——谴责伊拉克入侵，呼吁一切回归科威特原有的状态。

我强调说，人们不会忘记科威特以前为阿联酋做过的贡献。阿联酋现在为科威特做的事情，就是在艰难时期，兄弟之间应该表达的手足之情。我还表达了自己的祝愿，希望灾难将会尽快结束，希望科威特能够重新恢复自由。

科威特人民代表团团长不吝溢美之词，感谢我为流亡沙迦的科威特公民提供照顾，感谢代表团来访期间受到的款待和服务，这足以表现两国之间深厚的历史渊源和兄弟关系。

1990年12月26日上午，我在赛义夫宫接见了科威特大使穆罕默德·沙乌德·祖宾·拉米阁下、大使赠送我一枚科威特埃米尔谢赫贾比尔·艾哈默德·贾比尔·萨巴赫殿下颁发的纪念勋章，纪念当年由科威特主持的伊斯兰大会组织成立20周年纪念日。

那一天，我对科威特大使说："科威特把没有给予其他任何人的东西: 教育和卫生，给了我和我国儿女。"

解放科威特

1989年2月25日，适逢科威特国庆节，沙迦电视台台长艾哈迈德·塞勒姆先生从科威特广播电台搞到了一些材料，就科威特历史和文化遗产，发送了长达四小时的录音资料。1990年2月11日，科威特电视台对科威特的文化知识成就，发送了两个小时之久的补充资料，准备在当年科威特国庆节播放。科威特解放以后，鉴于萨达姆试图将科威特国土悉数夷为平地，沙迦电视台播放了一个长达六小时的节目，其中结合了科威特的遗产和历史资料。节目标题为al-Wadi ‘a，字面意思是"安全存款"。

1991年2月26日，继34国同盟发动了一场战争之后，伊拉克侵略科威特宣告结束。同盟国军队兵员总数大约为一百万人。阿联酋是解放科威特同盟国军队的前线。在那场战争中，我们有两名阿联酋人牺牲了生命。愿真主善待他们两人，愿真主保佑我们的祖国不受任何伤害。

第三章

访问中国

1989年12月，中华人民共和国主席杨尚昆访问沙迦，并出席我在赛义夫宫为主席及其随行代表团举行的晚宴。在访问沙迦期间，杨主席言辞恳切，说我应该访问中国。1991年年初，我收到了中国政府的正式邀请，访问日期定在同年5月。

1991年5月14日上午，我接见了中国驻阿联酋大使阁下。我们会晤之后，他对阿联酋通讯社发表声明，应中国政府之邀，我5月对中国进行正式友好访问。

大使还确认，在我这次访华之前，谢赫扎耶德·本·苏尔坦·阿勒纳哈扬殿下曾于去年访问了中国，访问非常成功。他表达了自己的祝愿，希望我这次访问将有助于增强两国之间的合作与友谊纽带，从而实现两个国家的伟大抱负。接着，他预祝我访问成功，希望这将是一次具有建设性的、互惠互利的访问。

1991年5月20日上午，我前往沙迦机场开始北京之行，还有一个官方代表团随行，代表团成员包括沙迦经济、文化和媒体等各个领域的代表：

团长：沙迦酋长办公室谢赫费萨尔·本·哈立德·本·苏尔坦·卡西米

副团长：沙迦酋长办公室谢赫苏尔坦·本·穆罕默德·本·苏尔坦·卡西米

文化信息部副部长谢赫穆罕默德·本·哈立德·本·穆罕默德·卡西米

石油矿业部副部长谢赫穆罕默德·本·沙乌德·本·苏尔坦·卡西米

沙迦埃米尔办公室顾问阿里·乔哈瓦阁下

沙迦经济委员会副主席阿卜杜拉·贾穆哈·萨里

沙迦工商会会长赛义德·乌拜德·乔哈尔

沙迦埃米尔办公室媒体事务主任阿卜杜尔·拉赫曼·哈桑

官方礼宾部主任哈迈德·苏韦迪

武装护卫阿里·阿卜杜拉·穆海亚上校

北京

5月20日晚上，我们抵达北京机场，前来迎接我们的有外交部副部长杨福昌阁下和一行中国高级官员，还有阿联酋驻中国大使伊斯梅尔·乌拜德·尤瑟夫阁下和GCC其他驻华外交官员。然后，我们前往下榻寝宫。

在我抵达北京时发表的新闻公报中，我说我们很高兴前来访问中国，由于中国的历史和文明，我们对这个国家充满崇高的敬意。我赞扬中国在支持阿拉伯正义事业中所发挥的卓有成效的作用。我还强调说，我的这次访问，是为了增强我们两国之间的特殊关系，并表达了自己的愿望，希望这次访问在为了两国的利益而增强合作方面取得成果。

5月21日上午，我与国务委员兼外交部长钱其琛阁下会晤。我们讨论了阿拉伯联合酋长国和中华人民共和国之间的友好关系，讨论了在所有领域巩固友好关系和共同合作的方法，此外还就涉及当前共同利益方面的问题展开了讨论。我赞扬了现存的这些关系，赞同阿联酋促进这些关系的敏锐度，我还对中国始终如一地支持阿拉伯事业表示感谢。

外交部长也同样称赞有加，强调了我们两国之间合作的重要性。

随我同行的代表团成员，还有伊斯梅尔·乌拜德·尤瑟夫大使，也一起出席了这次会晤。中方与会人员有中国商务部部长和中国航空公司总经理，以及其他几位中国官员。

晚上，我出席了中国外交部长阁下在昆仑饭店为我举行的晚宴。我的代表团成员、阿联酋驻华大使和一些高级官员也出席了晚宴。

5月22日上午，报上刊登了一则新闻，说印度前总理拉吉夫·甘地已于头天夜晚在印度南部遇刺，导致他在爆炸中身亡。我闻之立即发电报给印度总统拉马斯瓦米·文卡塔拉曼殿下表示哀悼。

拉吉夫·甘地当时担任印度国民大会党主席，而且是即将开始大选的总统候选人。他曾访问阿联酋，我于1991年2月27日晚上曾在赛义夫宫会见过他。我们详细交谈了在他担任总理期间和他母亲英迪拉·甘地担任总统期间印度穆斯林的有关状况。我与他们母子两人的友谊都很深厚密切，这种友谊让我得以协助解决关系到中国穆斯林信徒的很多问题，包括援助中国穆斯林信徒所需任何数量的资金转账事宜。

随后，我游览了北京，参观了故宫博物院、天安门城台和城门，这些大约建于500年前的建筑，见证了数个王朝的兴衰更迭。天安门城楼为三层结构建筑，由斗拱支撑，装饰着石狮、通天圆柱和其他物件。天安门广场是世界上最大的广场，占地面积40万平方米。

然后，我参观了位于北京中心的故宫，故宫建于560多年以前，旧称紫禁城，字面意思是禁止无关人员入内的紫色王城（依照中国古代星象学说，紫微垣（即北极星）位于中天，乃天帝所居，天人对应，是以皇帝的居所又称紫禁城。——译者注）。故宫里住过24个皇帝。故宫占地面积72万平方米，四周筑有10米高墙，还有一条护城河。故宫大多数结构装饰鲜艳夺目，阳光照射角度恰到好处时，便熠熠生辉，美轮美奂。故宫是中国当代最大的博物院，古玩和珍贵艺术品收藏极为丰富。

我称赞自己所看到的历史名胜都备受呵护，为中国人民保存这些遗产，旨在可以让他们铭记自己国家和伟大祖先的历史。我强调说，一个不了解自己历史的国家，是不可能发展进步的，对本国遗产的保护，可以反映出其历史作用在塑造现在和建设未来期间的重要性。

当天中午，我和随行代表团出席了中国民用航空局总经理为我们举行的午宴。晚些时候，我在北京饭店接见了GCC驻华大使阁下。我的随行代表团成员和阿联酋驻华大使伊斯梅尔·乌拜德·尤瑟夫也参加了会见。

那天晚上，中国主席杨尚昆阁下在北京饭店接见了我。我向他转达了阿联酋总统苏尔坦·本·扎耶德·阿勒纳哈扬殿下的良好祝愿和问候，还转达了他在1990年访华期间，杨主席对他表示热烈欢迎和盛情款待的感激之情。

中国主席请我代为转达他对扎耶德殿下的诚挚问候并希望他幸福安康的美好祝愿，还有他对阿联酋人民繁荣进步的祝福。他还表示欢迎我访问中国，希望我在中国逗留期间一切顺利。此外，他还强调说，我的访问将会对加强并扩大我们两国之间的双边合作范围做出贡献。他还赞扬了阿联酋在经济、文化、城市发展和农业领域取得的发展和成就。

我说在中国访问期间非常高兴，并对我和随行代表团受到的盛情款待表示感激。我赞扬了我们两国享有的友好而深厚的联系与关系，并强调了两国官员增加互访的重要性。

在这次会晤期间，我们还就进一步发展共同合作的方法交换了看法，并回顾了当前阿拉伯和国际舞台上存在的一些问题。其后，中国主席为我举行了宴会。我的随行代表团成员和中国高级官员都出席了会见和宴会。

北京的穆斯林信徒

5月23日上午，我和随行代表团成员参观了宁夏回族自治区的一所小学。我受到了小学所在地区人民的热情接待。这所学校大约有80年历史。在参观学校期间，我看到学校共有30个班级，一千三百名学生。学校负责人向我介绍了他们的教育制度和教学方法。有些学生还展示了各种中国艺术作品，表示很高兴我们来访。我也感到很高兴能来学校参观，并称赞了它在提供伊斯兰文化和教育中所发挥的作用，从而在伊斯兰儿童心中培养了伊斯兰教义的准则。

然后，我们参观了坐落在同一地区的宁夏清真寺。该清真寺大约建于一千年以前，可容纳一千人同时做礼拜，寺内还有一个伊斯兰教藏书楼。该清真寺的建筑风格结合了阿拉伯和中国的建筑特点。我在那里见到了清真寺伊玛目卞世坤，他还是中国政协代表和中国伊斯兰教协会副会长。我们谈论了中国伊斯兰居民的状况，总计大约有1600万人。

我还了解到，根据对伊斯兰信徒提供优惠待遇和教育等伊斯兰教所关注的问题，中国伊斯兰教协会和中心所提供的活动和服务。我赞扬了中国伊斯兰信徒的作用，为自己见到这样的伊斯兰教兄弟和社团而感到高兴和骄傲，他们坚持遵循宽容忍耐的伊斯兰教义，信奉伊斯兰教的尊贵价值。

清真寺伊玛目很高兴我们来访，他希望我们此行能够为发展阿联酋和中国穆斯林信徒之间的伊斯兰兄弟关系做出贡献。

穆斯林之乡——新疆

5月23日下午，我们离开北京前往乌鲁木齐，外交部副部长杨福昌阁下主持了送行仪式。乌鲁木齐是位于中国西北部新疆维吾尔自治区的首府，人口大约1500万，其中有900万是穆斯林。该自治州以石油、矿产、农业和畜牧业资源丰富而著称。

我们一行于晚上抵达乌鲁木齐，新疆维吾尔自治区人民政府副主席尤瑟夫·穆罕默德和其他一些地方官员接待了我们。

在乌鲁木齐人民大厦，我与新疆维吾尔自治区主席帖木儿·达瓦买提阁下举行第一次会谈。我们友好地交谈了两国之间的合作关系以及在各个领域进一步发展这些关系的举措。我赞扬了那些合作关系，并强调说，正是那些合作关系反映了我们两国之间强有力的联系。帖木儿主席代表自治区对我们来访表示非常高兴，并强调说，此行对于存在于我们两国之间的友好关系是莫大的荣耀，同时也是我们交换观点和讨论互利问题的一个机会。然后，他设宴款待我们，伊斯梅尔·乌拜德·尤瑟夫大使阁下也出席了宴会。

5月24日上午，我参观了乌鲁木齐伊斯兰教经学院，穆罕默德·赛勒赫院长接待了我们，陪同人员还有高级教师和学生。参观期间，我了解了该学院在服务自治区伊斯兰与穆斯林信徒方面所发挥的特殊作用。我听了关于学院情况的详细介绍，该学院创办于四年以前，办学宗旨是为清真寺伊玛目组织培训，以便提高他们的宗教教育水平。该学院教学课程重点是《古兰经》注释、《穆罕默德圣训集》、伊斯兰教研究、伊斯兰教史以及其他伊斯兰教义。该学院内还有一座中国维吾尔伊斯兰建筑风格的清真寺。

我告诉周围的人们，他们的活动让我感到非常高兴，并强调了清真寺伊斯兰教学者在传播其完整教义中所发挥的作用。我还提到，中国穆斯林信徒倍受尊敬和感激，让我感到印象深刻，我看到他们维护穆斯林的价值和教义，是那样的竭尽全力。那一天，我在洋行清真寺做了聚礼日（星期五）晌礼。位于市中心的洋行清真寺建于95年以前，可以同时容纳一千人做礼拜。

当天晚上，我观看了在国宾馆舞台上表演的文艺节目。帖木儿主席、尤瑟夫·穆罕默德副主席、我随行代表团和阿联酋驻华大使也一起观看了表演。表演节目包括反映当地人民风俗和传统的民间戏剧。此后，我还与代表团成员一起出席了主席为我们举行的宴会。

5月25日上午，我在乌鲁木齐参观了天山纺织厂、木器厂和地毯厂，听取了工作制度和生产能力的详细介绍。我看到了那些工厂的生产样品。作为中国政府施政措施的一个组成部分，开办这些工厂旨在发展地方经济与加倍提高产量。中国届时实施的开放政策，是中国拓展国际经济范围规划中的一部分。

在参观工厂期间，我随行代表团中的部分成员以及自治区副主席和阿联酋驻华大使一直伴随左右。我注意到，天山纺织厂的产品，大部分出口美洲和欧洲。纺织厂毛线年产总量为100吨。这是一家中日合资纺织厂，创建于十一年之前。此外，地毯厂建于十年之前，年产量达两万平方米。

当天下午，我们一行离开新疆前往浙江省。在乌鲁木齐机场，副主席与我们告别。在接受中国广播电台和报社记者的采访时，我说非常高兴访问了北京和乌鲁木齐，并说这是增强阿联酋和中国友好联系的一个机会，也是寻求我们两国之间各种合作方法的一个机会。我还由衷地赞美了自治区的天然美景，称赞了他们在工业、农业和畜牧业资源领域取得的成绩。

在前往浙江省省会杭州市的途中，我们在西安机场中转，陕西省副省长孙达人接见了我们。西安是中国历史上最有名的城市之一。在长达一千年的中国历史中，有13个王朝建都西安，第一个统一中国的秦始皇陵墓也在西安。皇陵还包含鼎鼎有名的世界奇迹，即秦始皇兵马俑。

然后，我们继续飞往浙江省，浙江省副省长在杭州机场迎接我们。

文化之乡

浙江是中国三个最美省份之一。浙江省面积为四万平方公里，人口四千万，无论在文化还是在经济方面，浙江都堪称最繁荣的地区之一，以生产丝绸、茶叶、大米著称。此外，浙江省还有中国最大的渔场。

在我的下榻处，我会见了浙江省省长葛洪升，向他表达了访问浙江的愉悦之情。我赞扬了我们两国之间非同寻常的关系，特别是继阿联酋总统谢赫扎耶德·本·苏尔坦·阿勒纳哈扬殿下的访问以后，两国友好关系得到进一步增强。我强调了阿联酋和中国之间在经济、文化和旅游领域加强合作的重要性，此外还有成立合资公司的必要性。

葛洪升作为主人，对于见到我以及我访问浙江，表示非常荣幸。他还赞扬了我们两国之间的友好关系，说我这次访问将会在所有领域中发展双边合作方面做出贡献。我的随行代表团成员、阿联酋驻华大使和浙江省高级官员也参加了这次会见。我还出席了省长为我举办的宴会。

5月26日上午，我参观了位于杭州的中国茶叶博物馆，听博物馆负责人讲述历史悠久的馆藏茶叶制品。于1991年4月开馆的这个博物馆，由若干个展厅组成，每个展厅的设计都可以让人们了解与茶叶有关的故事，告诉人们在过去九百多年里，如何栽培出品种繁多的中国茶叶。博物馆还有一尊纪念茶圣陆羽的青铜雕像，这位茶艺宗师在中国历史上被视为“茶叶之父”，他是研究茶叶种植技术以及各种用途的鼻祖。还有一个展厅，展出了中国帝王朝代古人享用的各种老茶，还有一个展厅专门陈列用于制茶的机械器具。

后来，我们游览了有名的杭州西湖，西湖以她的独特美景，吸引着众多游人。杭州之行结束时，我对参观过的茶叶博物馆及其馆藏品、对博物馆所在城市的秀丽景色，表示了由衷的赞赏。

然后，我便离开了杭州。浙江省副省长为我们主持了欢送会，一起来送行的还有几位高级官员和阿联酋驻华大使。

当天晚上，在结束了对中华人民共和国的七天正式访问以后，我回到了沙迦。在访华期间，我访问了三个省，与高级官员进行了多次讨论，目标都是在各个领域增强和发展阿联酋和中国之间的双边关系。

第四章

成立阿拉伯联合酋长国

在1971年建国时，阿拉伯联合酋长国通过了一个临时宪法。1976年2月11日，联邦最高委员会审议了成立委员会、并委任其准备起草永久宪法的报告。历时5个月的商讨和争论，还是没有达成所有酋长都能接受的最终构想。最后，在1976年7月12日举行的会议上，联邦最高委员会决定，自当年12月2日开始，临时宪法再展期五年。[1]

临时宪法包括阿联酋行使主要权利的结构，即立法部、司法部、执法部。酋长国被定义为一个联邦国家，权威政要由以下成员组成：

联邦最高委员会

总统和副总统

联邦内阁议会

联邦国民议会（FNC）

1　五年展期一直反复修订，直到1996年批准永久宪法为止。

联邦最高法院

1971年12月2日成立阿拉伯联合酋长国时，迪拜王储谢赫马克图姆·本·拉希德·阿勒马克图姆殿下出任第一总理。1978年，迪拜酋长兼阿联酋副总统谢赫拉希德·本·赛义德·阿勒马克图姆殿下当选总理，并成立了联邦政府，为全面发展和加强阿联酋的公共事业与基础设施做出了重要贡献。

然而，就在1986年，谢赫拉希德殿下病重，难以继续工作。结果，他将权利交给了自己的儿子——迪拜王储兼内阁议会副议长谢赫马克图姆·本·拉希德·本·赛义德·阿勒马克图姆。

在谢赫马克图姆·本·拉希德·阿勒马克图姆领导下的政府，在各个领域继续奋发图强，为阿联酋人民提供必不可少的基本服务，改善了全国的卫生、教育、安全、防御、劳务、社会保障、电力、供水、农业、住房、伊斯兰教事务、法制和发展。

1990年10月7日，谢赫拉希德·本·赛义德·阿勒马克图姆辞世，享年78岁。谢赫马克图姆·本·拉希德·阿勒马克图姆身为王储，便顺理成章地继承了王位，成为迪拜酋长。

10月21日，在葬礼结束之后，阿联酋总统谢赫扎耶德·本·苏尔坦·阿勒纳哈扬殿下以主席身份，召集联邦最高委员会开会。在这次会议上，谢赫马克图姆·本·拉希德·阿勒马克图姆被任命为阿联酋副总统，任期一年，这一年是他先父任期之内的时段，另外，依然保留他的总理职务。因此，他还要履行其职，组建阿联酋联邦政府。

于是，一年以后，既1991年10月28日，联邦最高委员会开会，选举谢赫扎耶德·本·苏尔坦·阿勒纳哈扬殿下出任阿联酋总统，任期五年，从1991年12月2日开始上任。谢赫马克图姆·本·拉希德·阿勒马克图姆当选副总统，任期也是五年。临时宪法又延长五年。最高委员会委托财务与工业部部长谢赫哈姆丹·本·拉希德·阿勒马克图姆殿下，成立一个由所有酋长国代表组成的委员会，开始着手修订宪法。

1996年5月20日，谢赫扎耶德·本·苏尔坦·阿勒纳哈扬殿下以主席身份，召集联邦最高委员会开会，并批准了临时宪法修订草案。修正案决定从宪法中删除“临时”一词，并指定阿布扎比为阿联酋首都。

根据宪法规定的程序，联邦最高委员会决定，将宪法修正案送交联邦国民议会讨论，准备获得联邦最高委员会的正式批准，然后再由阿联酋总统殿下颁布。

联邦最高委员会同意宪法修订委员会的工作延期一年。宪法修订委员会由谢赫哈姆丹·本·拉希德·阿勒马克图姆殿下担任主席，委派他根据国家振兴期间的需要，修订促进工作所必需的所有条款。此举基于临时宪法第144条，条款如下：

如果联邦最高委员会认为，联邦的最高利益需要修改这个宪法，应向联邦国民议会提交宪法修订案草案；

批准宪法修订案的程序，应该与批准法律的程序相同；

联邦国民议会批准宪法修正案草案，需要通过与会代表投票，得到三分之二的代表同意；

联邦总统应该以联邦最高委员会的名义签署宪法修正案，并代表联邦最高委员会颁布该修正案。

正是根据临时宪法这一条款，阿联酋永久宪法才得以修订，并最终颁布。

宪法修正案：1996年一号文件

临时宪法经过审阅和得到内阁批准以后，根据联邦最高议会的慎重考虑，经过内阁和联邦国民议会批准，得到联邦最高委员会认可，联邦最高委员会决定：

第一条

从阿拉伯联合酋长国宪法全文中删除“临时”一词。

第二条

阿布扎比市作为联邦首都。

第三条

有悖于本修正案的任何文本或规定视为无效。

第四条

该修正案自颁布之日可以应用，在官方报纸上可以刊登。

该决议于伊斯兰教历1417年7月 22日（1996年12月2日），由阿联酋总统谢赫扎耶德·本·苏尔坦·阿勒纳哈扬殿下，在阿布扎比总统宫签署。[1]

因为1971年12月2日，各酋长国酋长批准的现行序言写道：

我们——阿布扎比、迪拜、沙迦、阿治曼、乌姆盖万、富查伊拉的统治者：

鉴于我们与各酋长国的人民希望建立一个酋长国联邦，旨在为各酋长国及其子民争取更美好的生活、更持久的稳定、更高的国际地位；

我们要求以一个拥有独立、主权的联邦国形式，在阿拉伯酋

1　2010年3月2日，作者接受了谢赫扎耶德·本·苏尔坦·阿勒纳哈扬图书奖，应邀对与会者作简要发言。在即兴演讲中，他说：“谢赫扎耶德的功绩，应该写进宪法序言。”

长国之间建立更紧密的联系，从而能够捍卫自身以及各个成员国的生存，并在互相尊敬、互惠互利的基础上，与其他阿拉伯姐妹国家、所有其他友好联合组织成员国，以及国际大家庭成员国开展合作；

我们还希望在今后若干年内，在坚实的基础上制定联邦章程，使之符合阿联酋目前的实际情况与国力，使联邦能够尽量毫无阻碍地达成目标，在与上述目标保持一致的前提下，保持各成员国的身份，同时让联邦人民过上一种有尊严的、自由的、受到宪法保护的生活，在摆脱恐惧与忧虑的伊斯兰和阿拉伯社会中，逐步迈向一个完整的、代议制的、民主的政体；

鉴于我们最热切的愿望是实现上述要求，因此我们已经下定决心，要求将我们国家和人民提高到应有的地位，保证其在文明国家和民族之林中占有合适的位置；

基于上述理由，在至高无上的、全能的真主面前，在全体人民面前，我们宣布，一致通过这个临时宪法，并在宪法上签名。[1]

祈求真主，我们最好的保护人和守卫者，赐予我们成功。

阿联酋最高委员会补充纪要

1992年，我们召开了几次会议。譬如，1992年5月11日，谢赫扎耶德殿下在阿布扎比市马什拉夫宫，主持了联邦最高委员会会议。在这次会议上，大家讨论了海湾地区的新近发展状况，此外还讨论了对国家和人民来说至关重要的国内问题，以及支持未

1　当宪法修订为永久宪法时，这一章作了修改。原文是："基于上述理由，为了完成联邦永久宪法的准备工作，在至高无上的、全能的真主面前，在全体人民面前，我们宣布，一致通过这个临时宪法，并在宪法上签名，在宪法规定的过渡时期实施临时宪法。"

来的国家项目可能采取的措施。

最高委员会还准予考虑任何个体酋长国与邻国之间的条约，并将其视为阿联酋与邻国之间的条约。

1992年10月31日上午，谢赫扎耶德殿下在马什拉夫宫主持了联邦最高委员会会议。他在开幕辞中强调说，他和各酋长国的酋长们都渴望不遗余力地进行合作，旨在为全体人民创造一个更加美好的生活，这对于实现国家和人民的梦想与抱负非常重要。他说，依靠真主的佑助，他和其他酋长已经设法实现了很多愿望，从而促进了国家的进步，巩固了国家基础。为了国家的缘故，他恳求真主指引我们通过不懈的努力走向成功，从而确保大家幸福安宁。

他接着补充说，“为了我们祖国的缘故，为了我们所取得的一切成就，我们赞美真主。那些成就在我们的计划之中，但还有我们甚至都没有想象到的其他目标。为了实现我们的全部愿望，我们决心努力工作，诚心诚意地沿着同一条道路继续前进。”

会议还讨论了海湾地区的最新发展情况，特别是伊朗占领大通布岛、小通布岛和阿布穆萨岛的相关问题，这三个阿拉伯岛屿都是阿联酋不可分割的部分。联邦最高委员会强调了根据正当与正义的原则，和平解决争端的重要性。

1995年4月16日上午，联邦最高委员会在谢赫扎耶德殿下的主持下召开会议。殿下强调说，为了祖国和祖国的人民，继续支持联邦夺取更大的成就，对于各个成员国来说意义重大。

联邦最高委员会赞扬谢赫扎耶德，在为了服务国家的所有事务方面，所做出的真诚努力和不懈支持。谢赫扎耶德指示委员会，派人研究公民的要求和所需服务，并将调研结果告知委员会，以便委员会采取必要的措施。

委员会还讨论了伊朗占领上述三岛的问题，赞扬了谢赫扎耶德通过国家正义法庭，努力达成和平解决方案中的立场与主动性。

委员会还讨论了GCC合作工作的成就，重申为了该地区的人民，支持GCC走向稳定、进步和幸福。

委员会还回顾了因国际上的变化所导致的阿拉伯当前局势。委员会还被告知，近期阿联酋总统殿下和若干阿拉伯及外国领导人之间进行了接触与会谈。

根据宪法规定的程序，委员会决定将宪法修订草案提交联邦国民议会，准备获得联邦最高委员会批准，然后再由阿联酋总统殿下颁布。委员会还批准，宪法修订委员会的修订工作延长一年，以便对宪法条款进行任何必要的修正。宪法修订委员会由迪拜酋长兼财务与工业部部长谢赫哈迈德·本·拉希德·阿勒马克图姆殿下担任主席。

委员会还批准专设一个机构，跟进调查公民需求，以及为公民提供改善生活标准所需措施。

谢赫扎耶德说，“对于我们酋长来说，最重要的任务就是协同工作，提高人民的生活标准。我是你们当中第一个应该担负这个责任的人。对人民履行义务，是真主赋予我们的神圣职责。在这一点上不遗余力，是我们共同的责任。我们必须尽其所能，精益求精，因为人民始终在仰望着他们的领袖，想看看领袖怎样为他们谋幸福。也许发生了一些事情，我可能并不知道，因此，我们大家应该义不容辞地去履行自己的职责。”

他继续说：“因为你们是我的左膀右臂，在履行我们的责任时，如果发现有任何不足之处，你们有责任告诉我。如果不告诉我，我不怪别人，只会责备你们，因为你们是统治者，是与我共同承担责任的伙伴。同时，我会很欢迎任何建议或意见。

“我们必须协调一致，我们必须联手工作，把国家利益放在第一位。杜绝个人利益投机钻营。我们大家都要为整个国家负责，而不是只惦念着小家庭。所以说，我们必须履行真主托付我们的责任，我们必须诚实认真地去完成所有必须做的事情。

“要照顾一个家庭或几个亲戚并不难，然而为整个国家服务，却是一个极其艰难的任务。真主眷顾人类胜于所有其他造物，他在大地上在海洋里创造万物供人类取用。因此，我们必须工作，必须服务人类。如果真主眷顾我们某些人胜过其他人，赐予其财富，我们必须明白，这笔财富并非仅仅属于我们；那是真主的礼物，用于恩泽他的造物。财富乃福祸相倚之物，可以是福也可以是祸，你必须正确使用。我赞美真主赐予我们富足与眷顾。”

1996年12月2日下午，谢赫扎耶德殿下主持了联邦最高委员会的一次会议，他再次当选阿联酋总统，谢赫马克图姆·本·拉希德再次当选副总统。

1997年6月10日上午，在谢赫扎耶德主持的委员会会议上，他说自己为阿联酋公民感到骄傲，这些公民承担了祖国赋予他们的责任，为自己的祖国勤勤恳恳地工作。他赞扬说，经济增长带来了人民幸福和社会繁荣。同时，他还赞扬了警察部队所做的不懈努力，从而促进了国家的稳定与维护了人民的安全和保障。

联邦最高委员会指示内阁议会关注人民需求，并为人民提供必要的服务，保证联邦最高委员会知悉所有问题，以便采取适当的措施去处理任何地方出现的需求。

委员会还讨论了海湾地区的局势和阿拉伯世界最近的发展情况。为了能够有效地处理当时的特殊情况，阿联酋总统殿下重申，在阿拉伯国家中巩固阿拉伯人取得的成就和团结，这一点非常重要。

第五章

大学城：沙迦美国大学

伊斯兰教历1416年斋月里的一个夜晚，即1996年1月底，我与妻子谢哈贾瓦赫·本·穆罕穆德·卡西米聊天，提起高等教育以及如何解决中学毕业生人数不断增多的问题。最后，我们达成一致，认为应该创办一所大学来安排这些中学毕业生。谢哈贾瓦赫建议，大学课程设置应该采用美国大学的教育体系，譬如贝鲁特美国大学（AUB），黎巴嫩内战爆发之前，她本人曾在那里求学。

第二天上午，我与AUB取得了联系，向他们说明了我们的需求，希望能在建校时得到他们帮助。

于是，在伊斯兰教历1416年斋月中旬（1996年2月15日），AUB副校长阿卜杜尔·哈米德·哈拉布博士来到沙迦。第二天一大早，我便与他会晤，一起讨论了请AUB协助创建沙迦美国大学（AUS）方面的事宜。因为我已经选好拟建大学的校址，便直接带他去了现场。于是，三个月之内，便完成了建筑设计，一个承包公司获准承建这个重大项目。

1996年6月25日，AUS建校项目宣布开工，拟定AUS将于

1997年9月招录第一届学生。

在宣布开工的那天上午，我在自己的办公室接见了AUB校长罗伯特·哈达德博士，由副校长阿卜杜尔·哈米德·哈拉布博士作陪。在会晤期间，我们仔细讨论了建校的几个主要阶段，及其重要的学术教育目标。

在AUS建校协议签字仪式上，我发表了一个演讲，提到这一重大工程的建设工期将历时一年，由贵公司董事长弗朗西斯·甘伯特代表的法国建筑公司——甘伯特工程咨询&装饰公司——将与本·拉登集团合作，完成该项目所要求的工作。

我还称赞了AUB创始人——哈达德博士以及哈拉布博士，称赞他们为海湾地区第一所美式大学进行了建设性合作，并提供了必要的研究，待建成以后可以服务于阿联酋和海湾地区学生。我还称赞了AUB的学术与教育水平很高，以及自建校至今所享有的良好声誉。此外，我还表达了自己的祝愿，希望AUS为海湾地区的优质教育锦上添花，希望AUS成为世界上令人尊敬的大学。

哈达德博士也代表AUB，赞扬了创办AUS的协议，由于这是AUB第一次捐助国外创办非盈利性大学，因此无论怎么看，这都是历史性的一步。他补充说，AUB是美国人创办的，它是美国高等教育体系的翻版，然而AUS是一所真正意义上的阿拉伯大学，其办学宗旨是服务阿联酋和海湾地区学生，以及阿联酋侨民子女。他还祝愿AUS也获得像AUB一样的良好声誉。

哈达德博士说，他为能够根据我的愿望来赞助并创建AUS而感到骄傲。他还说自己很高兴来沙迦访问，不仅了解沙迦的文化机构，还看到在我的开明领导下这个国家人民所做出的贡献。

之后，我签署了AUS建校协议，哈达德博士代表AUB也在协议上签了名。AUB将在项目各阶段提供技术咨询，技术咨询范围包括与编制学术大纲和课程设置相关的领域。协议还约定，AUB将协助AUS选聘管理人员和教师。

我们决定AUS一开始成立四个学院：艺术与科学学院、经济与经营管理学院、工程与技术学院、应用艺术学院。关于其他学科的学院，拟于下一阶段逐步增设。大学还包括一两个学期的预备课程，以便在学术水平或语言水平方面，一时无法立即跟上大学主流课程的学生，有个过渡阶段。

该协议于1996年4月22日开始生效，持续到1997年10月21日，旨在特别注意为沙迦创办一所美式综合大学提供技术合作。

该项目于1996年9月开工，1997年8月竣工，整个工期不足12个月。1997年10月4日定为AUS第一个学年的开学日期。

当AUS 与AUB的协议结束时，两个学校之间仅在某些技术方面依然保持合作。沙迦酋长和AUB将为此另签一份协议，AUB方面由AUB副校长乔治·纳吉尔签字。该协议有效期自1977年10月1日起，至1998年9月30日止。

1997年10月4日，AUS和位于华盛顿DC的美国大学（AU）又签了一个技术合作协议。我作为AUS校长与AU校长本杰明·兰德博士签署了该协议。协议有效期自1997年11月1日开始，持续到1999年10月31日终止。根据该协议，美国大学为AUS提供一个高层管理董事会，并提供相关的技术咨询服务，以便通过美国权威机构的学术鉴定。

1998年2月9日，我为AUS举行了开幕典礼，并发表了以下讲话：

亲爱的来宾们、各位探索学问的学子与导师们、各位从事严肃科学研究与教育的先驱们：

首先，我要问候大家，欢迎大家，特别是今天，你们不辞辛苦从各地远道而来，与我们一起分享这个前景辉煌的时刻，这就是在阿拉伯湾阿拉伯联合酋长国举行的沙迦美国大学开幕典礼。

在阿拉伯世界的这个地区，自从这个联邦国家成立时，我们提出自己的现代复兴开始，我们一直在努力工作，为了使学术与科学恢复原先的荣耀，为了有助于建立我们的社会，为了塑造我们后代的生活。

我们认识到，我们所追求的大学教育水平，不仅仅能够展示科学知识领域所掌握的最先进信息，也不仅仅是运用必需的技术，获取这样的科学与知识用于服务社会，而且还需要根据科学途径和方法，去满足重塑社会科学与教育思维模式的需要。另外， 研究与发展中心，也需要以发展教育为基础。西方和美国的很多先进科学，已经成为现代的领跑者，我们正在努力工作，争取在我们自己的社会中，为我们自己而达到这个水平。在实现我们愿望的历程中，存在着很多障碍；其实，财务问题几乎可以说是最不足虑的障碍之一。

特别是发展大学教育这方面，必须具备以下许多基本条件：

教学骨干必须经验丰富，称职合格，能够指导整个教育进度，保持正确的途径，旨在达到要求的目标；

学生必须有所准备，能够应对先进的大学教育方法，即应该通过教学骨干采用扎实深入的教育方法，使之成为常规教育过程中的一个整体部分。在此，我应该提到这样一个事实，教育方法应该与社会教育、行为趋势和价值观和谐并存，这些趋势和价值观早在接受大学教育之前，在中学和家庭里就已经形成了。

教育过程的独立性，因为事实证明，在大学的作用中，如果该教育制度不能提供所要求、所必需水准的研究，不能提供其他教育领域制定的真正的科学独立性，不能提供所承诺的目标准则，这样的大学教育便不会取得进步或发展。

一所大学的地位无论多高，依然是社会网络和社会结构的一部分，大学存在于社会之中，而且是为了社会利益而存在于其中。毫无疑问，社会中的主流趋势，会对大学产生影响。该影响可能直接影响大学的运作，或者也会受到学生、管理人员和师资队伍带进大学环境中的间接影响。

我们的现代国家，努力在教育方面实现一次全面的复兴，动真格地试图跟上新时代的发展。我们制定目标，扫除文盲，实行强制性义务教育，直到中学毕业。现在，我们正在收获辛勤耕耘的丰硕成果。但是，这也为大学教育方面增加了压力。现在，我们需要大学能够容纳不断增加的应届中学毕业生。这时，对于不断上升的学生人数，高等教育机构的容纳能力，便显得不够稳定。除此之外，其实我们还需要采用现代教学方法，还需要设立并升级大学里的实验室和研究中心，旨在鼓励科学研究。

为了鼓励科学研究，尽管我们海湾地区也有几所大学，但是这些大学看来好像已经丧失了竞争精神，从而需要创办更多的大学，去容纳日益增长的学生人数。在持续发展和不断创新的进程中，我们正需要这种精神作为驱动力。

亲爱的弟兄们、姊妹们、来宾们，我们正在走近本世纪之末，人类历史上的另一个世纪即将到来。人类生命长河中的另一个世纪，不仅只是意味着天增岁月人添寿，就通讯和人类互动方面来说，而是这个新世纪的到来，标志着科学进步的巨大变化。距离不复存在，由民族—国家、公司或者理念所赋予的主要支配力所导致的明显压力，全都需要回应。我们确实正在面对着一个新世纪，一个为了全人类而充满挑战的新世纪。

该地区领导和政府需要做出的战略决策是，建立高等教育机构与社会之间的联系，旨在满足社会需求，旨在取得进步与发展。这种决策不应只是纸上谈兵，而是应该转化为工作日程，以便各所大学遵守执行。该决策应该作为大学管理人员遵守的主要准则，成为他们日常工作计划的一个组成部分。在评估大学管理人员的业绩时，需要把这个目标的达成，作为其中一个主要评估因素。

大学必须与社会保持最紧密的联系。大学还必须了解社会的确切需求，大学应该培养出具有所需知识和技能的毕业生，以满足社会的那些需求。

大学必须联系到社会的方方面面：经济、科学和产业活动。大学生需在相关活动中心接受培训，以便获取所需经验，待到大学毕业时，便能够熟悉自己的工作环境。大学毕业生必须理论联系实际，掌握学术范围与现实生活中的实践范围之间的协调关系。

在某种程度上，大学必须发展自己的研发中心，以便实现国家最高战略方针与发展趋势。在全世界，都是由大学为社会进步和社会科学能力置备了一些最重要的资产。

在此，我想特别指出，高等技术学院所取得的成就，是因为我们社会上的所有机构，都在录用这些学院培养的毕业生。

亲爱的弟兄们、姊妹们、来宾们，科学与技术就是前进之路。我们希望我们的大学，能让我们在进步之路上继续前进。我们确实正在朝着这个终点前进。正是为了这个原因，我们正在建造更多的大学，并鼓励这些大学弘扬竞争精神。

我们必须说，我们所做的一切，完全是遵循伊斯兰教义行事，这个伟大的宗教，把学者与真主先知放在等同的位置上。真主在《古兰经》中说道："你们瞧！天地的创造，昼夜的轮流，在有理智的人看来，此中确有许多迹象。"[1]

1　阿卜杜拉·优素福·阿里的《古兰经》译本，第五章（仪姆兰的家属）第190节。（应为第三章，第五章是（宴席），总共只有120节。——译者注）

沙迦大学

AUB保证AUS在其管理之下的时期，将是一所男女同校的大学，因为双方同意遵循美国教育体制。因为沙迦社会比较保守，于是我决定用五个月时间建造AUS，以便与沙迦大学的施工进度保持同步。AUS项目于六个月之内竣工，分为男女两个学院。AUS于竣工当天开始运作，即1997年10月4日。但正式开幕典礼一直推迟到1999年3月14日才举行。

在落成典礼庆祝仪式上，我发表了以下演讲：

奉至仁至慈真主之名。

亲爱的弟兄们，今天我欢迎大家前来参加沙迦大学的开幕仪式，沙迦大学暂将成为以坚持学习和学问为主要目标的一个机构，沙迦大学将随着我们的前进步伐，一起进入下个世纪。在我国全面振兴的领袖——谢赫扎耶德·本·苏尔坦·阿勒纳哈扬——的支持下，沙迦大学有望依托过去和现在取得的辉煌成就，成为一个科学与创新中心。

弟兄们，为了勇敢地面对现代文明和科学中不可避免的挑战，我们的武器就是必须遵循伊斯兰教义，承诺运用现代科学技术工具，建立高等教育的先驱机构，此外我们还需努力工作。

今天我站在这里，向我的儿女——这所大学的学生们——发表演讲。我想对学子们说，用于你们教育的所需全部设备，用于培养你们掌握现代科学技术所需要的条件，我们都已尽力准备好了。将来，我们还会继续这样做，与你们一起朝着进步前行。

因此，我们要求你们能够担当起自己的责任，无论在宗教、国家或学术方面。你们是这个国家的希望，正是整个阿拉伯民族的这个希望，让你们带领我们走向一个更加美好、更加光明的未来。为了实现这个繁荣兴旺的未来，我们都需要尽最大努力去获取知识。

这是你们的大学，正在稳步前进，开始第二个学年。学校向你们和你们的父母保证，将会无条件地提供最好的条件。这所大学将心甘情愿地力求卓越，将为你们提供对你们和社会有益的优质教育。这所大学力求以最适当的方法办学，其驱动力就是为了寻求真主的赞许。

我还想对教学人员和高层管理人员说几句话，在真主面前，你们都肩负着为学生提供学习、学术和教育的责任。同时，你们还要负责在严格的科学研究的基础上培训学生，从他们跨进大学的那一刻开始，你们就要向他们逐渐灌输对知识与研究的热爱之情。科学研究确实是大力促进人类与社会进步的基础，离开科学研究，也许就无法实现发展或复兴。因此，我们要求你们重视科学和实际研究工作。我们希望，寻求知识和追求真理，将成为所有课程和整个大学的指引方针。

任何民族对于文明进程中的贡献，只能根据其发现新知识的贡献份额来衡量。这仅仅是道路的起点。现在，我们全体在此共同见证最初的几步。我们希望依靠自己的决心和勤奋，一定会达成我们的目标。因此，希望你们不断前进，勤奋工作；祈求真主在通向成功的道路上指引你们。

高级技术学院

1997年5月，我接见了高等教育与科学研究部部长谢赫纳哈扬·本·穆巴拉克·阿勒纳哈扬阁下。我要求他在沙迦开办高级技术学院，但是他谢绝了，说创建这样的学院缺乏资金。“如果我创建并装备那些学院，高等教育部会批准它们新学年伊始就开始运作吗？”

“会的。”他说。

于是，在三个月之内，我完成了一所女子学院和另一所男子学院的施工，并且配齐了满足两所学院学术功能所要求的全部设施与设备。1997年10月4日，这两所技术学院与沙迦美国大学和沙迦大学在同一天开门迎接新生。

1999年3月20日，我为男子技术学院和女子技术学院举行了正式开幕典礼，高等教育与科学研究部部长谢赫纳哈扬·本·穆巴拉克·阿勒纳哈扬阁下也出席了开幕典礼。

沙迦警察科学学院

1996年7月13日，就建立沙迦警察科学学院事宜，我颁布了1996年2号法令。课程学习将于同年9月1日开始。

这是以警察学为专业课程、并授予学位的第一所阿拉伯警察科学学院。该学院的学制为四年，每年分为两个主要学期。不过，第一个正式学期开始之前，学生需要进行体育、心理和纪律方面的训练，以便申请入学者为以后的专业学习与训练做好准备。在专门设计的教学大纲中，学生在法律与警务方面的学习课程包括：

1.治安管理与职业培训：本课程的学习重点强调步行巡逻、武器使用、身体素质、格斗技巧、军事训练、阅兵仪式等等。

2.法律课程：包括法律导论、法律体系、执法管理、司法逮捕、行政拘捕、补充法律等等。

3.相关警务课程：主要警务管理、犯罪预防、审讯、刑事侦查、交通管制、毒品交易、刑事检控、犯罪社会学、犯罪心理学、群众防护、警方行动、信息系统、科研方法、英语与文化取向等课程。

位于大学城里的警察科学学院综合楼，尽管尚未完全竣工，但是从1996年起，总部位于城市中心区域的学院已经开始运作。2001年4月19日晚上，在大学城校园里的沙迦警察科学学院永久总部，我为该校举行了开幕典礼。

毕业典礼

2001年5月30日上午，沙迦美国大学的首届毕业生，在大学城礼堂举行了毕业典礼。这些毕业生是：

管理与科学学院经营管理专业82名学生；

信息系统专业15名学生；

建筑与设计学院16名学生。其中设计专业4名，多媒体专业4名，光纤通信科学8名；

艺术与科学学院英语语言专业1名女生；

工程学院21名学生。其中化学工程专业4名，土木工程专业2名，电气与电子工程专业13名，计算机工程专业1名，机械工程专业1名。

我在毕业典礼上的演讲如下：

女士们和先生们，为了满足阿联酋当地社区和整个海湾地区的需要与愿望，我们于四年前创建了沙迦美国大学。这与阿联酋最高层所作出的方针决策是一致的，旨在优先重视教育问题，以便满足其所有人文和物质需求。

从最早建校初始阶段，我们就托付这所大学（第一所建在大学城网络内的大学）与她在大学城里的姐妹机构联手担负使命，在我们国家的建设和发展过程中，保证知识和教育得以恢复其应有的地位，使我们的儿女能够运用现代科学方法，去面对生活中的挑战。同时，我们还希望沙迦美国大学成为教育发展的一个学术中心，让它拥有完成教育、研究、组织任务所需要的独立性，指导她与社会各个不同领域进行富有成效的合作。

女士们、先生们，这所大学确实成功地采用了内容与标准都与美国和世界发达国家中那些领先大学旗鼓相当的学术课程。沙迦美国大学为在校学生提供了丰富多彩的学术生活，帮助他们适应一个迅速变化的世界，并且成功地将理论融于实践，使毕业生具备更加广博的知识观，这种知识观将增强直接造福于社会的各种专业技能。

我们为这所大学选择了一个美国教育模式。知识无国界，知识也不必有国界。知识应该由全人类共同拥有。鉴于阿拉伯和穆斯林民族一度是知识的源泉，西方文明最后将从中导出它自己的知识基础。于是，现在轮到阿拉伯人受益于他们曾经贡献的知识了。但是谁也难以料到，没准哪一天，我们也许会从西方文明所摒弃的地方，再次引领知识前行。

我们创建了这所大学，让毕业生能够理解驱动当前科学与技术革新的复杂技能，并运用这些专业技能为他们自己的社会服务。我们随后将会立即创建沙迦大学，旨在让未来几代人掌握知识和技能，那将有助于发展社会，有助于在科学和技术领域，跻身发达国家之列。大学城网络确实已经成功地成为遥遥领先的学术中心，成功地吸收了科学、技术与文化领域的最新知识。

女士们、先生们，沙迦美国大学已经成为一个多文化的国际学术社团。我们的教室和实验室，正在使用的是最先进的技术。我们正在遵守衡量成功的最新标准，我们完全意识到这所大学目前在沙迦酋长国所占据的卓越地位。由于沙迦酋长国是传播阿拉伯文化的重镇之一，所以该大学所占据的这个地位，便增强了与本地区阿拉伯和伊斯兰遗产的联系。

亲爱的毕业生们，你们是正在协助竖立这座学习丰碑的先锋战士。我相信，你们一定会因为这个成就而感到骄傲。同时，因为大学已经承担了教授你们训练你们的责任，现在该轮到你们来肩负先锋战士的责任了。作为先锋战士，必须勇往直前，为社会的进步、发展和尊严做出贡献。

我们为你们提供了在学习期间获得成功所需要的一切条件。现在，你们的责任是收获这个成功，在社会的进步中，在祖国的发展中，发挥自己的作用。我们完全相信，你们将能够完成这个挑战。蒙领真主恩典，愿真主与你们同在。

2001年6月6日，我在大学城礼堂出席了沙迦大学首届毕业生的毕业典礼。235名毕业生毕业于伊斯兰法学院的法律、艺术与科学、经营与卫生科学专业；其中有40名女生，195名男生。全体毕业生中有35名以优异成绩毕业（优等生）。

我在毕业典礼演讲中说道：

> 在这个充满荣耀的日子里，我很高兴站在你们面前，为沙迦大学的这些先驱者感到骄傲。以前，这所大学一无所是，仅仅是一个梦想，然而现在，无论从哪方面来说，都是一个事实，这全都应该归功于我们秉持的愿望与决心——我们一心重振所有阿拉伯人和伊斯兰信徒的荣耀。我们的祖先曾经是科学与知识的领袖，他们是十八般手艺样样精通的能工巧匠，他们怀着伊斯兰教义的宽容美德，成为世界大师。他们为博大渊深的各个艺术和科学领域奠定了基础，直到今天，全世界的大学依然在教授这些艺术和科学：医学、工程学、生物学、物理学、化学、哲学和美术。如果不是广泛地提倡学习科学，如果不以科学家为荣，如果不创建优秀的大学，便不可能出现这种盛况。

沙迦大学与大学城里的姐妹大学、机构以及综合学院并肩而立，携手合作，筑起一座科学与知识的灯塔，不仅指引着沙迦酋长国，而且也照耀着整个阿拉伯联合酋长国，同时还呵护着恰巧住在这片福地上的伟大阿拉伯国家的所有学生。

沙迦大学的学术活动不仅仅局限于教学楼与演讲厅，而且走出校门与阿拉伯和国际间的其他学术论坛进行交流与互动，与全世界的大学和研究中心都有来往。这已经形成了一种信念：知识无国界，知识无参数。知识在一个范围内互相作用，愈加广泛，对于我们国家的共同利益而言，是前所未有的意义深远，而且对我们的身份、原则和真实性，仍然不会失去意义。

2001年1月27日晚上，我出席了沙迦警察科学学院首届毕业生的毕业典礼。在庆典期间，我向沙迦优秀警官颁发了奖章和警徽，受到表彰的还有学生当中的优秀毕业生。

50名毕业生被授予警官军衔。他们全都经过了四年学习，由阿拉伯世界业内的顶尖教官授课，接受了警察学的先进训练。

第六章

沙迦：阿拉伯文化之都1998

1998年，联合国教科文组织（UNESCO）第29次全体大会特授予沙迦市年度“阿拉伯世界文化之都”的称号。联合国教科文组织在其活动框架之内做出这个决定，是基于沙迦对文化与自然遗产的复兴与保护。这些活动旨在维护文化身份，寻求为世界所有地区内的发展进程增添一个文化范围。根据这个决定，沙迦接受了国际技术知识援助，使之得以落实与1998年年度文化之都有关的各种活动。

联合国教科文组织在其声明中说道：“沙迦市以举办大量重要的文化和教育活动闻名遐迩。沙迦有很多博物馆，主题涉及自然史、古董古迹、现代艺术、遗产和科学。在整个酋长国，还有众多以儿童文化为专题的活动中心。”

除了联合国教科文组织在声明中提到的机构以外，沙迦还建立了若干公共福利社会，譬如沙迦大学和沙迦美国大学，这两所大学都位于大学城中心，全都配备最先进的科学技术设施。

沙迦当选年度阿拉伯文化之都的决定首先在巴黎宣布，然后于1997年11月11日在沙迦宣布。继开罗和突尼斯当选阿拉伯文化之都以后，沙迦以丰富的文化教育活动和众多的文化中心，当选阿拉伯文化之都。在促进文化复兴过程中，发挥了重要作用的沙迦的文化中心，正如以下名单所列：

新建文化中心

考古博物馆

由于我本人对保护国家文化遗产方面很有兴趣，以及处于对保护沙迦酋长国考古发现的关心，该博物馆于1993年1月5日开馆。我还付出特别努力，设法找回数十年以前流出沙迦的大量考古文物。1997年5月10日，沙迦古董博物馆新总部开馆。

艺术领域

1995年4月13日，作为海湾地区艺术门类的第一个博物馆，沙迦艺术博物馆开馆。该博物馆位于沙迦市舒维赫恩区。同年晚些时间，即11月1日，我为艺术领域揭幕。艺术领域包括沙迦艺术博物馆，酋长国美术社、特殊需求艺术团、艺术咖啡馆、乌贝都拉·沙姆西故居。两年以后，即1997年4月9日，除了沙迦艺术博物馆新大楼之外，艺术领域还增添了两个新的重要地标性建筑：沙迦艺术中心和沙迦美术馆。

沙漠公园

1995年11月8日，沙漠公园开园。沙漠公园里包括自然史博物馆和植物园。植物园真实再现了阿联酋的各个生态地区。

童年高级理事会

11月9日，我宣布在沙迦酋长国成立童年高级理事会。当我接见前来参加第一届阿拉伯儿童论坛的阿拉伯代表团时，便做出了这个决定。这个论坛由女子俱乐部主办，资助人是我妻子谢哈贾瓦赫·本·穆罕默德·卡西米，她是沙迦女子俱乐部主席。在招待会上，我签署了成立理事会的法令，由我亲自担任该理事会的主席。

沙迦科学博物馆

1996年4月17日，沙迦科学博物馆开馆，旨在为成人和儿童提供更多获得科学知识的机会，包括举办令人激动的展览和活动，使之既能增长知识又可愉悦身心。

伊斯兰博物馆

1996年11月6日，沙迦伊斯兰教博物馆在沙迦老城区开馆。我指示创建这样一个博物馆，以便保存和展示伊斯兰教古物，保护它们免于交易，让未来的子孙后代熟悉他们崇高的伊斯兰文明。

儿童中心

为了招待参加沙迦艺术双年展的宾客，在1997年4月9日组织的庆祝会期间，我证实说，筹建专供四至九岁儿童活动的文化中心，前期准备工作已经完成。这些中心旨在为儿童提供知识、有用的趣味爱好、健康的休育和活动，此外还提供开发儿童批评性思维的机会。这些文化中心还将保证，让儿童了解并远离一些不利的社会活动和电视节目，以免对其产生负面影响。我还宣布，在年底之前，拟建几个青少年（十岁和十岁以上人群）中心。

沙迦城堡

1997年4月10日，我为沙迦城堡举行了开幕典礼。我命令在沙迦老城舒尤赫区布尔吉广场重建这个城堡。在作为沙迦丰富文化主要源泉的一系列遗产保护项目中，沙迦城堡的开幕典礼是其中之一。城堡项目是众多项目的巅峰之作，旨在修复、维护老城历史建筑，并使之融入现代化元素。

美术社

总部设在沙迦的酋长国美术社，在培养普通青年和美术专业爱好者新生人才、并开发其艺术品位的过程中，发挥了重要作用。该美术社还兼顾组织当地展览，以便鼓励和促进酋长国艺术家的创作。

文化活动

沙迦双年展

每两年举办一次的沙迦艺术双年展，在提高酋长国艺术家地位和推介艺术家名气方面，发挥了重要作用。在双年展活动中，众多艺术家齐聚一堂，创作成果摆在显要位置。1993年4月14日，我为第一届沙迦双年展举行了开幕典礼。那届双年展的组织方是酋长国美术社，协办方是文化信息部。在第二届双年展上，参展者有来自国际和阿拉伯国家的男女艺术家，总计人数233名，展出艺术作品大约720件。到了第三届时，沙迦双年展已经成为“沙迦国际双年展”，可见已经受到国际艺术社会团体的认可。

沙迦戏剧日

这个一年一度的活动，促进了阿联酋本土的戏剧成就。

沙迦图书展览会

多年以来，这个一年一度的活动，已经发展为阿拉伯世界最重要的书展之一，现在称作沙迦国际图书展览会。

庆祝沙迦当选阿拉伯文化之都

1998年5月3日，沙迦正式荣获年度“阿拉伯文化之都”称号，阿联酋从而成为阿拉伯世界中的文化标杆。为此，沙迦和整个阿联酋的人民欢欣鼓舞，额手称庆，这全都得福于他们总统谢赫扎耶德·本·苏尔坦·阿勒纳哈扬英明领导下的进步与繁荣。

鉴于沙迦多年来的重要文化成就，联合国国际教科文组织挑选沙迦作为文化之都。在非常短暂的时间之内，在维护其阿拉伯与伊斯兰文化身份的睿智之路上，沙迦迈出了坚定而自信的步伐。这份独特的褒奖，犹如荣耀的象征，颁给了沙迦，因为沙迦取得的成就，因为沙迦作为一个辉煌的现代文化中心，还因为酋长国有一泓世世代代为之骄傲的源泉。

庆祝会于1998年5月3日下午开始，届时我在赛义夫宫会见了联合国教科文组织总干事费德里科·马约尔先生，他为此专程访问阿联酋。马约尔先生对沙迦荣获“阿拉伯文化之都”称号，表示了衷心的祝贺，并且对我坚持不懈地支持联合国教科文组织的项目和行动计划表示感谢。我对马约尔先生表示欢迎，赞扬了联合国教科文组织在促进科学、文化和教育活动方面所做出的努力。参加会见的还有沙迦酋长国副酋长兼酋长国埃米尔宫廷事务总管谢赫阿卜杜拉·本·塞勒姆·卡西米，以及沙迦文化信息部部长谢赫伊萨姆·本·萨克尔·卡西米。

招待会之后，我陪同马约尔先生前往庆典指挥部，地点位于沙迦－海德路8号交叉口自然史博物馆对面的。为了铭记这个场合，我为纪念匾揭幕。悬挂该纪念匾，作为沙迦当选1998年文化之都的一个象征。此外，在总面积6300平方米一座小山上的纪念场地，我还种下了一棵纪念树。

为了纪念这个日子，在这个小山丘上还立了一座箭头指向上面的雕塑，象征着崇高与进步，以此确认文化是任何国家必须依靠的基础，如果这个国家想取得人民所渴望的进步，就必须以文化为依托。反映阿拉伯与伊斯兰价值观的这座雕塑高28米，矗立在500平方米的基座上。另外，高高的基座上还镌刻着沙迦1998年当选阿拉伯文化之都的日期。到了夜晚时分，雕塑便会明亮起来，象征着这座文化灯塔光芒四射。雕塑照明设计的主题思想，既有真实性又具现代感，意在反映该雕塑所重视的价值观。雕塑周围环绕着一个广场，观光客可以在广场上小坐片刻，放松一下。另外，广场上还配备了充足的停车设施。

之后，我与随行代表团一起前往濒临灭绝的阿拉伯野生动物保护中心。我为一块牌匾揭幕，宣告该中心开始运作。创建这个野生动物保护中心，反映了我对科学与文化所有相关事宜的关心，旨在为将来的子孙后代提供更好的机会，旨在保护人民对自然资源的权利，这是全能的真主对这个地区的恩赐。

创建该野生动物保护中心，是沙漠公园综合规划的一个组成部分。在该中心设立的众多目标中，其宗旨都是为动物园提供濒临灭绝动物的本土物种，并帮助它们繁殖，以便这些动物在其自然栖息地中，能够回归自然生态。由于人类介入和其他不利因素，这些动物原来拥有的所有生态环境，全都消失殆尽。

该野生动物保护中心建筑包括办公室、工作间、仓库、诊所、实验室、手术室、产卵与孵化室。室外兽笼设计了方便哺乳动物使用的饲养设施，譬如狼、鬣狗、鹿、阿拉伯羚羊、豹、野生沙漠猫和阿拉伯虎。该中心还配备了一个用于繁殖的专业实验室、一间外科兽医诊所，还有一家为食肉动物提供肉食的屠宰场。

然后，我游览了哈立德湖。沙迦的夜空，此时焰火璀璨，每个人的脸上都洋溢着愉悦之情。在他们的城市——沙迦——蒙恩荣耀的日子，他们的心里充满了自豪与喜乐。

就在同一天，沙迦国家大剧院和阿联酋剧作家协会两个新总部，在沙迦老城艺术广场开幕。一些民间演出团体参加了庆典，他们在文化遗产广场中心，伴随着民间舞蹈，表演了各种节目。

1998年5月4日，费德里科·马约尔先生参观了沙迦市人道主义服务机构。他参观了一些服务设施，并视察了不同的部门，听取了各个服务范围的详细介绍。在这个服务机构里，所有不同国籍的人民，只要有特殊需求，都能享受各个科学部门和康复部门的服务。

沙迦阿拉伯文化奖

1998年5月4日下午，沙迦政府和联合国教科文组织在沙迦酋长办公室签署了一个协议。该协议约定，设立沙迦阿拉伯文化奖。联合国教科文组织的签约代表是总干事费德里科·马约尔先生。

沙迦政府拨了25万美元作为专款，用于奖励个人、团体或机构。获奖者将为在阿拉伯文化领域做出杰出贡献的、拥有国际声望的知识分子或思想家。为了庆祝这个时刻，该奖项每两年，在联合国教科文组织全体大会期间颁发一次。该协议约定，拟成立沙迦阿拉伯文化奖委员会，以便跟进与该奖项相关的各种事宜。该委员会成员由沙迦政府代表和联合国教科文组织代表组成。该协议还约定，一旦所有法律程序全部落实，该奖项的最终协议才会生效。获奖名单将在颁奖典礼上宣布，颁奖时间和地点由双方约定。

我做了会议发言，对大家表示感谢，并且对联合国教科文组织在选择沙迦作为1998年阿拉伯文化之都所做出的努力，表达了自己的感激之情。我还感谢了马约尔先生在做出该决定的过程中，给予我们的支持与鼓励。然后，我向马约尔先生赠送了沙迦市钥匙，感谢他在沙迦这个重要庆典中所付出的努力。

接着，联合国教科文组织总干事也发表了讲话。他说自己能够分享沙迦酋长国历史上这个重要的日子，感到特别高兴。他还重申，之所以选择沙迦作为阿拉伯文化之都，不仅因为沙迦的历史和往昔的荣耀，而且因为沙迦具有规划将来的能力：“我们从过去中学习并吸取教训和智慧，但是我们无法改变过去；然而我们拥有未来，从过去学到的知识武装了我们，从现在获取的智慧充实了我们，所以说，我们有能力去创造一个美好的、更加光明的未来。”

总干事继续赞不绝口，他称赞亲眼目睹的现代沙迦，他赞美那些引人注目的文化中心、遗产区域和博物馆，这些都是沙迦骄傲地赠予阿联酋的礼物。马约尔先生说，大学城及其拥有的卓越科学设施，给他留下了特别深刻的印象。他说，这一切全都归功于沙迦酋长重视科学的价值观，归功于他坚定不移地希望看到，尽可能多的阿联酋年轻人接受某种训练，让他们为自己的生活和工作，做好最充分的准备。

马约尔先生补充说，能够出席纪念雕塑的开幕典礼，他感到特别高兴和特别关荣。他将该雕塑视为成就的象征，可以用于鼓舞未来的子孙后代。他强调说，沙迦应该为自己的成绩感到自豪，联合国教科文组织当然应该让全世界都了解沙迦这个城市，并认识这位为了获此殊荣做出努力的沙迦酋长。

联合国教科文组织总干事赞扬沙迦政府关心具有特殊需求的人群，并且格外看重人道主义的价值。当参观沙迦市人道主义服务机构时，他亲眼目睹了这些美德，并亲自发现沙迦政府以一种独特的方式，对具有特殊需求的儿童给予呵护，他还赞扬了提供这些服务的全体工作人员。马约尔先生重申，联合国教科文组织将毫无保留地支持提供特殊需求的这个领域，支持所有其他人道主义服务部门。马约尔先生对从我手里接受沙迦市钥匙感到特别幸运，他将之描述为一件意义重大的礼物。

作为回礼，马约尔先生赠予我这位沙迦酋长的礼物是联合国教科文组织的金质奖章，以表对我倡议联合国教科文组织负责颁发沙迦阿拉伯文化奖的感谢。最后，联合国教科文组织总干事费德里科·马约尔先生，邀请我访问联合国教科文组织驻巴黎总部。

沙迦在巴黎联合国教科文组织总部

1998年10月25日，我离开沙迦前往巴黎，于当晚抵达巴黎。

10月26日上午，我参观了联合国教科文组织，并会晤了总干事费德里科·马约尔先生。在会谈期间，我们回顾了阿联酋与联合国教科文组织之间的各种合作途径，探讨了支持与加强合作的方式。此外，我们还讨论了一些文化和教育问题，以及保护文化遗产的方法，还有对发展教育、文化和科学做出贡献等诸项事宜。马约尔先生对沙迦当选阿拉伯文化之都，再次向我表示祝贺，他说这个荣誉归功于我在创建与支持文化机构过程中所付出的真诚努力。他强调说，国际组织对已被人们认识到的这些成就，之所以怀有感激之情，全都归功于我的真知灼见和坚定信念：文化发展是重中之重。马约尔先生还感谢我在支持联合国教科文组织追求其人道主义、教育和文化目标过程中所做出的巨大努力。

在这种氛围里，我对联合国教科文组织在人道主义文化领域服务人类和服务和平的过程中所发挥的作用，表示了深深的感激。人道主义文化是最为关键的领域之一，为了人类的利益，联合国教科文组织确实提升并丰富了这种文化，并培养了乐于付出的美德。

然后，马约尔先生赠予我一套联合国教科文组织典藏书籍与出版物，其中包括介绍沙迦文化遗产的一本，还有一册刊有《报刊选读》连载报道的文卷。这是一系列摘自遗产研究、小说、诗歌和其他创作成果中的节选片段，同时刊登在一些主要阿拉伯报纸上，让读者能够以买报纸的价格读到这些书籍。为了响应阿联酋总统谢赫扎耶德·本·苏尔坦·阿勒纳哈扬殿下温文尔雅的倡议，并且在他的支持下，在遍及阿拉伯世界的各个地方，由联合国教科文组织与各大报纸合作，包括总部设在沙迦的《海湾日报》，在报纸上刊发图书连载栏目。

我与随行代表团参观了联合国教科文组织的各个部门，接着又浏览了他们的图书馆。该图书馆大约藏书两万册，囊括了联合国教科文组织的所有官方语种，其门类更是包罗万象。该图书馆配备有最先进的通讯、信息媒介和技术。

接下来我又看了一个展览，主题围绕着安达卢西亚遗产，着重展示了安达卢西亚、阿拉伯世界和地中海地区之间源远流长的历史和社会关系。我还参观了联合国教科文组织召开大会与研讨会的会场设施。

在我访问期间，在当时阿联酋驻法国大使兼阿拉伯驻联合国教科文组织资深代表阿卜杜尔·阿齐兹·本·纳赛尔·卡西米阁下的引领下，我会晤了阿拉伯各国驻联合国教科文组织的各国常驻大使和代表。

我在会上发表了演讲，强调我们需要加强阿拉伯国家在联合国教科文组织中的活动，这样才能保证阿拉伯国家的作用与联合国教科文组织的各种活动步调一致。我呼吁阿拉伯各国驻联合国教科文组织的大使和代表寻求合适的方法，以便确保阿拉伯各国政府与联合国教科文组织之间的交流渠道保持畅通。我还指示阿拉伯国家代表们不要拖欠支付这个组织的任何财务捐款，我补充说，这个组织为了普罗大众的利益孜孜不倦地做出了贡献，说具体点，他们在阿拉伯世界履行了一些至关紧要的服务。

在这个极富成效的会议期间，我强调说，我们需要更加关注阿拉伯语的出现，还有地地道道的阿拉伯语翻译，我指出在这个专业性很强的关键领域，在关系到阿拉伯世界所有举足轻重的事宜方面，还存在着很多差异。

我还宣布捐助一笔资金，专门用于在联合国教科文组织中支持阿拉伯语和阿拉伯文化，并呼吁阿拉伯各国驻联合国教科文组织各位大使，经常与知识分子、舆论领袖、决策者保持互动，邀请他们参加联合国教科文组织的重大活动。我承诺提供必要的支持，以确保这种互动和交流得以持续进行。最后，我对我们的成功和继续合作表达了良好祝愿，从而我们能够起到统一战线的作用，在联合国这个大家庭里，展现出阿拉伯国家的光辉形象。

1998年10月26日晚上，费德里科·马约尔先生向我颁发了联合国教科文组织的阿维森纳金牌，这是授予在促进教育与文化过程中做出杰出成就者的最高荣誉，教育与文化也是联合国教科文组织主要关注的两大领域。颁奖仪式在联合国教科文组织执行委员会召开的特别会议期间举行，很多联合国教科文组织成员国的代表出席了颁奖仪式。

我发表了获奖演说，其间我描述了沙迦文化周。沙迦文化周是为了庆祝这个时刻而组织的一次重要文化活动，以最文明的形式表现了人类内心情同手足的精神。在这次活动中，我继续说道，在追求现代性和进步的过程中，文化被用作一种方式，用于达成人类维护体面与尊严的崇高目标，用来谴责邪恶势力和战争悲剧。

我感谢联合国教科文组织在完成这个使命过程中所担负的大部分责任，我这样说道：

沙迦当选1998年阿拉伯文化之都，所产生的最积极的影响力，不仅振奋了沙迦人民或阿联酋人民，而且使所有阿拉伯国家都受到了极大的感染。这个决定表达了全球范围内的感激之情，感激我们在阿联酋总统谢赫扎耶德·本·苏尔坦·阿勒纳哈扬殿下的领导下所取得的伟大成就，举国上下都见证了各个领域的发展。

在阿联酋国内，要想取得进步，发展才是硬道理，发展才是我们为之做出任何努力的奠基石。在教育领域，在最早建成的学校中，在最早创刊的报纸上，在第一批文化俱乐部中，在以连接现在、将来与昔日辉煌为目标而兴建的以上所有项目中，沙迦都做了初期尝试。

在阿联酋，文化作为文明与遗产，显然已被赋予一片自由驰骋的天地。这仅仅是因为文化身份穿上了现代的外衣，在为我们的人民与国家服务的过程中，深深根植于一度曾是伊斯兰文明中心的环境中了。这个伊斯兰文明中心，深深地影响了人类文明，并提供了科学知识和其他领域的学科门类，譬如哲学、数学、几何学、医学，为我们祖国留下了众多著名人物，他们的辉煌遗产，直到今天还留在我们身边。

沙迦已经建设了用于文化发展所需要的精妙入微的基础设施，包括分布广泛的专业化博物馆，譬如沙迦考古博物馆、自然史博物馆、沙迦科学博物馆、沙迦艺术博物馆、伊斯兰博物馆和遗产博物馆。此外，我们现在还拥有最高水准的大学，采用最先进最现代化的教育体系，配备着最先进的技术、图书馆和获取知识所必需的其他设施，以便从科学方面、知识方面和技术方面培养学生，使其具有成熟的、良好的精神面貌。

只有发展人才是一切发展的奠基石。我们所关注的是，要为社会的所有领域，尤其是儿童和青年，提供所有必需的文化服务和社会服务。这个信念依赖于我们欣赏文化，这样的价值取向是坚实的基础，我们在这个基础之上建设我们所希望的未来，为我们儿女建设一个光明而繁荣的未来。

沙迦始终非常重视与本地区和国际上的机构与组织合作，特别是与拥有成功记录的联合国教科文组织合作。

我们已与联合国教科文组织总干事签订了一个协议，决定设立沙迦阿拉伯文化奖，授予在全世界弘扬阿拉伯和伊斯兰文明进程中取得最杰出成就的人士。这完全符合联合国教科文组织所制定的大方向，我们支持它进一步寻求跨文化对话，鼓励多国家范围内的互动，在全世界人民中间，发扬宽容与友爱的精神。因为地球是我们共同的家园，所以我们大家的总目标就是要保护这个地球上的人类文明。

我很高兴看到联合国教科文组织应邀去参观在沙迦组织的多用途展览会，让全世界了解沙迦的历史、现状和成就，以及沙迦在艺术、文化和建筑等不同领域所做出的努力。这个展览增强了阿拉伯-伊斯兰文明与其他文明相结合的密切联系与关系。它的贡献还在于齐心合力促进世界人民互相亲近，互相了解和开展对话，它还谴责了所有傲慢、狂热、侵略的态度与行为，此外还鼓励大家秉持友爱、合作、和平的精神，一起走向新的千禧年。

联合国教科文组织执行董事局主席帕尔·帕塔基先生，发表了欢迎致辞。他在致辞中提到我在文化服务方面所做出的努力。

“沙迦在该地区的文化传播和遗产保护方面，发挥了重要作用。当我们看到这个城市里建有很多规模宏大的博物馆时，沙迦的作用不证自明。我们特别高兴设立沙迦阿拉伯文化奖和沙迦文化周，”他说。

费德里科·马约尔先生也发表了讲话。他在发言中表示热烈欢迎我来到巴黎，列举了我在文化和文化传播方面所取得的众多成就，并且提到我在传播文化的同时，还保护了沙迦的文化遗产。他进一步详细描述了自己在访问沙迦期间，亲眼目睹建筑遗产如何受到保护的情况，不仅是公共建筑，就连普通市民的住宅也受到了保护，将美学与需求结合在一起，从而保护自然环境。“沙迦已经成为该地区的一座文化灯塔。”马约尔先生肯定地说。

接着，马约尔先生又强调了我在支持文化方面做出的一些贡献。这些贡献中包括设立沙迦奖，奖励那些竭尽全力促进阿拉伯－伊斯兰文化与文明的人，还奖励那些全心全意弘扬阿拉伯和伊斯兰文化的国际团体或个人。这是一个倡议，旨在支持联合国教科文组织在传播文化方面最重要的目标，马约尔先生补充说。

然后，沙特阿拉伯代表易卜拉欣·沙迪博士代表联合国教科文组织阿拉伯小组发表了讲话。他强调说，我的来访符合一个根深蒂固的传统，我们的祖先，包括诗人和文人，一直保持着这个传统。在选择沙迦作为阿拉伯文化之都这件事情上，沙迪博士指出：“联合国教科文组织中的阿拉伯小组成员国，一致同意沙迦当选阿拉伯文化之都。这都归功于沙迦在文化领域迈出巨人般的步伐，在和平与互相了解的氛围里，确保阿拉伯文化与世界上的其他文化进行互动。这是阿联酋总统谢赫扎耶德·本·苏尔坦·阿里·纳哈扬所选择的方法，他在维护和平走向统一方面，树立了一个卓越的榜样。”

接着，沙迪博士强调了我在阿联酋发展之路上做出的贡献。他说，这些贡献已经结出了果实，不仅有利于阿联酋的文化发展，而且将进一步福泽阿拉伯世界的各个部分。

在展览会的开幕式上，马约尔先生向我表示了感谢。接着，我发表了答谢演讲，介绍了各种艺术展品，并且解释说，其实这些展品大部分是阿联酋儿童的创作。

我由马约尔先生陪同，观看了展览，并且宣布沙迦文化周开幕。

驻巴黎阿拉伯世界协会

趁着访问巴黎这个良机，阿拉伯世界协会会长卡米尔·卡瓦纳先生邀请我访问协会。访问时间是在1998年10月27日，卡瓦纳先生以及董事穆罕穆德·本诺纳先生，还有协会的几位官员，在协会总部接待了我。

在气氛友好的礼仪中，卡瓦纳先生向我颁发了阿拉伯世界协会的奖章，感谢我在文化、思想和文学领域付出的努力。他强调说，我的来访标志着阿联酋和阿拉伯世界协会之间，开始了富有成果的合作。

沙迦阿拉伯文化部长会议

我刚从巴黎回来不久，前来参加沙迦出面召集的会议的各位阿拉伯文化部长便开始陆续抵达沙迦。1998年11月21日，我宣布为期两天的阿拉伯世界文化部长第十一次会议开幕。会议地点设在沙迦文化中心。开幕日程包括我发表一个演讲，另一位演讲人是文化部长阿卜杜尔·巴齐·哈马西，他还是突尼斯代表团的团长，也是即将卸任的第十次会议主席。第三位发言人是阿拉伯联盟教育文化与科学组织(ALECSO)总干事穆罕默德·米利阁下。

会议进程从选举本次会议主席、副主席和会议报告起草人开始。阿联酋文化部长谢赫阿卜杜拉·本·扎耶德·纳哈扬这时发表了一个演讲，接着发言的是前来开会的各国殿下和阁下，以及各国代表团的团长。再下面是各个阿拉伯、伊斯兰和国际组织的与会代表，就草拟的会议日程发表意见，日程上的每日工作计划均已经过审批。

当天下午，我在自己的办公室接见了代表团成员和阿拉伯各国文化部长。我欢迎他们来到沙迦和阿联酋，在这里友好待客已经成为习惯，既有尊严而又热情。对于文人、思想和文化，这是一直遵循的传统。

11月22日晚上，我出席了由文化信息部做东的晚宴，招待刚刚结束会议的宾客。晚宴设在位于巴耶特–瑟卡尔的沙迦艺术中心。出席晚宴的还有沙迦福副酋长谢赫苏尔坦·本·默罕默德·本·苏尔坦·卡西米、阿联酋文化部长谢赫阿卜杜拉·本·扎耶德·纳哈扬殿下、文化信息部部长谢赫伊萨姆·本·萨格·卡西米，以及一行官员。

然后，我陪同宾客参观了艺术博物馆，他们借此机会欣赏了我的私人珍藏。这些藏品包括一些原件和国际艺术家做的复制品，它们与博物馆保存的其他原件并排站立。博物馆所展示的馆藏艺术品，各式各样，千姿百态。特邀而至的文化部长们，赞扬了我在文化、遗产和艺术领域付出的努力，称赞了我对这些追求的持续支持，并对他们在沙迦看到的文化与现代化方面的重要成就，感到骄傲而喜悦。

第七章

治国有方

1999年，阿联酋和沙迦的民生在各个方面已经开始有了迅速进步。这种形势每天都让我感到很大压力，而且持续不减。沙迦轻工业领域发展得很快，这就要求我必须花时间去做计划，并且需要制定配套的相关决策。譬如，沙迦工业区需要双倍加强服务，并提供所需基础设施。

我还得挤出较多时间管理两个新建大学：沙迦美国大学(AUS)和沙迦大学。身为这两所大学的第一校长和董事会主席，我需要不停地出席数不清的会议。沙迦美国大学和沙迦大学的大批毕业生正在准备毕业，说明这两所大学均已获得学术上的荣誉，沙迦正在成为世界关注的焦点。来访人数日益增多，因此各种活动也随之暴增，譬如会议、研讨会和座谈会。我总是乐于参加这些活动，宣布开幕和出席会议乃是常事，特别是除此之外，还要谨慎地做出决定，并且能够给予忠告等等。因此，我便决定成立一个酋长国执行委员会。

沙迦执行委员会

1999年11月16日，我就沙迦酋长国成立执行委员会事宜，颁布了一条新法律。该委员会的既定目标是：协助酋长执行酋长付托的各项任务，行使酋长的权利，拟定整个酋长国的公共政策，包括建立安全与秩序的相关政策，提供公共设施，提高民生的社会标准和经济标准。

成立该委员会的另一目标是，需要确保所有政府部门提供的服务，只能服务于社会，而不可用于其他目的。此外，执行所托付的任务时，执行者要具备既现实又有前瞻性的发展视野。该法律的条款如下：

> 根据埃米尔法令，执行委员会由下列成员构成：一位主席、一位副主席和若干委员，委员人数和类型根据法令确定。
>
> 执行委员会的委员将根据其资质和经验进行遴选。只有通过埃米尔法令，才能接受执行委员会的主席、副主席和委员的辞职。
>
> 成立、合并、撤销部门以及部门领导的任命、调动、临时调派，接受他们的辞职或终止他们的职务，均由埃米尔法令决定。

该法律还规定了各部门的管辖权和各部门领导的权力，以及各部门领导的副手和主管。第一届酋长国执行委员会由以下部门组成：

埃米尔宫廷

海港与海关

民航

财政

文化与信息

社会服务

经济发展

财务管理

水电

环境与保护区

市区与村庄

该法律还规定：

执行委员会会议应由委员会主席主持，主席还要召集会议，组织讨论，跟进已同意由各个部门执行的任务，监督部门之间的活动，一方面协调部门内的活动，另一方面还需协调部门与相关同盟机构之间的活动，并发布必要的决策与指令。

执行委员会主席应该定期向酋长提交简报，也由酋长以委员会的名义、并代表委员会签署委员会的决策。

沙迦酋长国协商委员会

1999年12月6日，我颁布了成立沙迦酋长国协商委员会的一部法令。该法令第11条规定：

消除对权力和司法权的偏见，在为公共利益服务的过程中，协商委员会将协助政府机构，提供与社会相关诸项事宜的建议，并支持社会基本道德标准和根深蒂固的价值取向。该协商委员会可以行使以下权力：

讨论由执行委员会草拟的相关法律，然后回呈讨论结果，从而得以正确地履行法律颁布程序。协商委员会应保留其不在场时颁布所有法律的知情权。

对酋长交办的相关公共政策事宜提供意见，并对这些事宜提出合适的建议。

在各部门领导出席的会议上，讨论所有公共利益事宜和国家紧要问题，并向酋长呈报建议。各部门领导必须在其能力范围之内，根据协商委员会的程序准则，回应协商委员会委员对他们提出的任何问题。

调查所有公共服务和设施方面的问题，发展与保护自然与环境资源问题，并提出发展与改进这方面执行力的建议措施。

请相关政府机构提供关于经济、社会和文化发展相关的任何统计数据、报告或建议，以便能够提交凭据确凿的意见。

调查协商委员会收到的诉求和抱怨，并且将之纳入议事日程。在有必要进一步调查投诉问题的情况下，协商委员会可以请求相关政府机构提供所需数据。

监督行政监督机构的工作，确保整个制度得以维持和保护。

对委员会尚未考虑的、酋长认为值得考虑的其他事宜提出意见。

1999年12月7日，我在政府大厦召开了协商委员会第一次会议。我在会议发言中表达了自己的愿望，希望协商委员会不负众望，为发展进步锦上添花，为保护公民权利和满足舒拉（协商会议）原则的要求，做出富有成效的贡献。会议发言全文如下：

奉至仁至慈真主之名，祈求他把平安与祝福赐予他最荣耀的使者，我们的主人穆罕默德，赐予他的亲友及其追随者。

亲爱的公民们，愿平安与祝福与你们同在。感谢全能真主的恩典，感谢我们进步领袖谢赫扎耶德·本·苏尔坦·阿勒纳哈扬殿下的祝福，你们的协商委员会即将完成最近几周才成立的执行委员会所托付的任务。这两个委员会的成立，一方面是为了免除酋长国政府的一些责任，另一方面是对同盟机构的支持和促进。这一举措让我们得以全面了解公民参与和担当的重要性，从而通过协商与交换意见，在服务祖国的过程中，发挥有效的作用，以便最终实现成立这个委员会所追求的目标。

你们这个委员会开始运作之日，恰逢国庆，标志着建国28年来，我们已经确保阿联酋在世界上赢得了卓越的声望。

在过去几年里，我们努力工作，完成了基础设施建设过程，实现了全面发展进程中的目标，其中关注民生是最为骄人的目标。我们对儿童给予了关注，儿童值得我们相信，他们才是未来的栋梁，他们才是我们前进队伍的旗手。

沙迦已经成为知识、思想与文化的灯塔，最近刚刚荣获“阿拉伯文化之都”称号。我们将坚持不懈地继续努力，把沙迦打造成一个名副其实的论坛，让理想之光照亮阿拉伯世界其他地区的道路。

各位同仁，委员会各位委员，我从这个崇高的平台上向你们发出号召，希望你们大家抱着超然与客观的态度，把追求真理作为伊斯兰管辖权内的神圣使命，在法律规定范围内，为了共同利益，竭尽全力地履行自己所应尽的国家义务。只有这样，正直的人才能取得优势，他们的希望与心愿才能实现。我们——这片土地上的公民，希望你们加快发展进程，维护公民权利，巩固共同协商或舒拉的原则。

最后，我呼吁你们大家全力以赴，做真主命令我们去做之事，避免真主禁行之事。我预祝各位成功，并以这句古兰经结束演讲：说尽你所能；真主，他的先知和信徒将看到这个。愿平安与你们同在。

家庭事务最高委员会

2000年11月26日，就沙迦酋长国成立一个处理家庭事务的最高委员会事宜，我颁布了一部埃米尔法令。该法令条款制定了目标，限定了权力范围，并确定了隶属于该委员会的各个机构，具体内容如下：

条款第五条概括制定了委员会的目标：促进相关机构中的协调原则，落实便于机构与个人领域之间联络的协调途径，采用合作和透明的原则，明示各个机构应该如何履行职责，以便与社会价值观和风俗习惯保持一致。本条款的重点是需要加强家庭在社会中所起的作用；巩固家庭联系；仔细调查家庭成员面临的家庭问题，特别是女孩子面临的问题；针对这些问题提出解决方法；在母亲中间提高卫生保健意识；对教育和保护儿童方面给予更多的关注。除了这些目标以外，本条款还强调，委员会需要鼓励和动员妇女融入社会生活，改善劳动妇女的现状，发展有创造性的家庭项目，让具有特殊需要的群体得到关心和康复。

条款第六条规定，委员会的管辖权不受限制，并尽可能享有最广泛的权力，以便达成其各个目标。因此，委员会可以提议制定有关家庭事务方面的新法规；采取必要的措施协助家庭发挥正常的作用；采用可以发展科学与现实策略的计划、大纲和项目，用于实现专业化目标；鼓励自愿工作，在各个专业机构之间努力加强更紧密的合作与和谐关系。第六条还确定了隶属于该委员会的各个行政机构和技术机构如下：女子俱乐部、儿童中心、沙迦人道主义服务机构、家庭发展中心，还有酋长其后决定赞助的其他任何专业机构。

新的市政委员会

沙迦酋长国市政委员会通常分布于三个自治市：沙迦、豪尔费坎和卡拉巴。但是，这三个城市之间的距离，却导致难以提供条文规定的服务，并且造成市民参加市政机构活动的机会大大减少。不过，我还是觉得有必要在一些重要地区，根据宪法赋予地方政府的保护政策，去扩大政府放权的范围。宪法第117条规定了一条黄金法则：地方政府应特别致力于维护在国家保护下的所有领土上的安全与秩序，并提供公共设施，提高社会和经济标准。鉴于这些原因，兹决定设立六个自治市取代三个自治市。

2004年3月5日，我就沙迦酋长国设立自治市问题，颁布了一部埃米尔法令。该法令第二条规定，从今以后，酋长国将设立以下六个自治市：沙迦、海德、豪尔费坎、卡拉巴、达巴霍辛和哈姆里亚。

该法令规定，各自治市的管辖权，应该根据地理和行政标线划定，关于增加、撤销或合并自治市的任何决定，只有酋长颁布法令方能生效。

埃米尔法令第十七条中详细描述的市政委员会管辖权如下：

市政委员会将使用所有可行的手段，保证酋长国在城市政务水平上取得进步，为了达成这个目标，它在履行其职责时，可以行使以下权力：

在委员会权力范围和管辖范围之内，监督法律、规章、法规的执行情况；

就城市性质的任何问题，检查委员会成员所提出的提议和建议，并尽快决定处理问题的行动；

考虑并评估由酋长、执行委员会或任何其他政府机构交给市政委员会处理的相关政务问题；

调查并裁决与政务相关的诉求、抱怨和提议。市政委员会可以请求权威机构提供与涉及案例相关的详细资料和补充数据；

与酋长国其他权威机构协调，控制颁发建筑物兴建、拆毁、修复、改造的许可证；

参与其他权威机构，一起审查或绘制结构性或常规性建筑规划；

监督与人畜耗用食品有关的法律法规执行情况；

监督与常规清洁和垃圾收集有关的法律、条例和法规执行情况；

与权威机构协调，监督与商店、旅馆、配置家具公寓、小生意和流动商贩有关的法律、条例、法规执行情况；

与权威机构协调，在市政委员会管辖范围内，监督与照明、雨污排水以及公共设施有关的法律、条例、法规执行情况；

与权威机构协调，监督建造、发展与维护公园、园圃、休闲地点，保护海岸免受腐蚀与污染，并且使其保持可持续的发展；

与权威机构协调，参与制定与商业和促销广告牌招租和使用、以及建议收取适当资费相关的法规；

与权威机构协调，批准开建市场和屠场，并制定合适可行的法规；

与权威机构协调，根据最先进的科学与经济方法，制定与垃圾堆放、收集、拖运和再循环相关的法规；

制定居民区收养动物所必要的规则与条件，制定关于流浪动物相关的监管与完善法规；

监督墓地管理的特别规定，并决定墓地选址；

根据关于成立沙迦酋长国执行委员会的（1999）

2号法令以及相关的法规和执行决议，运用所有财政权利及其须承担的责任，批准合同签订，并监督合同履行情况；

与权威机构协调，提议市政区、社区、大街、道路和新广场的名称；

批准新财年预算和年终审计；

根据执行委员会决议，提议城市应收税费、惩罚、税额和处罚，以及税费赔偿、免除、废止以及收取方式；

与权威机构协调，提议建立停车场设施和各类船用码头；

批准委员会行使功能所必需的程序；

与权威机构协调，协商禁止沿街乞讨和违反法规和社会习俗的其他行为；

与权威机构协调，提议与公共卫生相关的新法规；

根据常规维护和常规运营，制定并监督与饭店、商店、咖啡馆、俱乐部、体育场、电影院以及公共设施每天开始营业和关门时间相关的法规；

任何其他权能范围，由酋长或执行委员会指派。

执行委员会和协商委员会的工作，从一开始就产生了立竿见影的显著影响。一方面，在履行我托付给地方政府的重要责任中，它们成了我的得力助手；另一方面，在我的直接监督下，执行委员会、协商委员会和家庭事务最高委员会协调一致地工作，设立了这些自治市，在酋长国之内迅速改善了治安情况，提供了更好的设施，并提高了民生的社会和经济标准。

因为我需要预测将来的需求和需要，所以我必须确保该法令允许设立、撤销或合并这些自治市。不久之后，我便看到自治市的数量需要增加到九个，从而可以从政府所提供的更好更大服务中，更公平地分配所获得的利益。于是，在2004年10月12日，我颁布了三个法令，在酋长国设立以下三个新自治区：

第九号埃米尔法令（2004），设立马达姆自治市。

第十号埃米尔法令（2004），设立巴塔伊赫自治市。

第十一号埃米尔法令(2004)，设立姆拉伊哈自治市。

上述发展证明，地方分权现在已经与中央政府完全结合为一体。这是受到宪法保护的举措，宪法将各项任务分配给地方政府，责成地方政府维护国内的安全和秩序、提供公共设施、并提高经济和社会标准。

第八章

伊斯兰教重回安达卢西亚

1970年宗教信仰自由法颁布以后，西班牙人便能够皈依伊斯兰教了。1992年，西班牙议会正式承认伊斯兰教为一种宗教，准许西班牙穆斯林教徒享有宪法权和监管法，包括在中小学乃至大学传播伊斯兰文化和科学的权利，出版书籍和杂志的权利，研究和学习西班牙（安达卢西亚）穆斯林历史的权利。

阿扎格拉文化基金会

阿扎格拉文化基金会于1993年在格拉纳达成立。阿卜杜萨马迪·安东尼奥·罗密诺先生为兴建综合大楼协调了筹集捐款，我也为此捐了款。当综合大楼竣工时，罗密诺先生邀请我为基金会举行开幕典礼。

2001年7月6日，我降落在格拉纳达机场。当天晚上，我为阿扎格拉文化基金会综合大楼举行了开幕典礼。出席该开幕典礼的还有我妻子谢哈贾瓦赫·本·穆罕默德·卡西米、我儿子谢赫哈立德·本·苏尔坦·本·穆罕默德·卡西米、安达卢西亚自治区政府的区长代表诺瑟·卡米佐阁下和阿联酋驻西班牙大使苏尔坦·拉希德·卡托布阁下。

我在阿扎格拉文化基金会举行招待会，出席者有来自欧洲和美洲各个阿拉伯－伊斯兰文化中心、学院、机构、组织、协会的领导，以及欧洲教育与文化最高委员会主席肖基·巴什兹博士、伊斯兰发展银行行长顾问阿卜杜拉·马塔尼博士、伊斯兰教育、科学与文化组织（ISESCO）的文化与交流主任穆斯塔法·扎巴科博士、格拉纳达省普埃布拉·德·堂·费德里科市长，此外还有很多西班牙穆斯林信徒和一些西班牙知识分子和艺术家，其中包括画家以及对安达卢西亚的阿拉伯－伊斯兰文化感兴趣的人士。

开幕式一开始，我便为罗斯清真寺纪念匾揭幕，这里记录着我对阿扎格拉文化基金会的支持。在基金会主席阿卜杜萨马迪·安东尼奥·罗密诺先生的陪同下，我视察了可以容纳两千人同时做礼拜的清真寺。穿过清真寺的主院，我走进祈祷区。这是一处融合安达卢西亚－伊斯兰风格的建筑，那些令人激动的图案、装饰、铭文、雕刻和地毯，处处彰显着独特的安达卢西亚文化。

然后，我步入综合大楼的主楼，视察了配备齐全的装置设施以及提供的服务。该建筑包括用于阿拉伯研究的安达卢西亚学院、可容纳三千名学生的演讲厅，以及餐厅等。我参观了图书馆之后，便来到管理与研究总部，该总部专门为研究科学、翻译和历史提供服务。

我一边听取陪同人员详细讲解阿扎格拉文化基金会所做的工作，一边参观了媒体制作与编辑中心。我还审阅了该基金会在西班牙提供阿拉伯文化服务的计划，包括面向使用阿拉伯语的非本土人群的多媒体教学课程设计，以及创办文化与伊斯兰定期专刊的计划。

接着，我前往圆形露天剧场。我们聆听了荣耀的古兰经诵读之后，我儿子谢赫哈立德代表我，用西班牙语发表了一个演讲。他开始演讲时表示，此时此地，面对全球各地前来见证西班牙这座文化灯塔的著名专家团体、关心文化与知识的人们，能够代表我发表演讲，感到非常荣幸。

在演讲中，谢赫哈立德说道：

> 今天，我们回想起我们与安达卢西亚和西班牙民族的历史联系。这个联系起源于以伊斯兰教举世无双的文明与文化为基础所建立的昔日荣耀。当穆斯林信徒连续统治安达卢西亚长达八个世纪时，他们形成了一个同质的、包罗一切的共同体，这个共同体尊重所有文化和种族，从而为大家缔造出一个独一无二的社会团体。
>
> 不同文化不同文明之间的不期而遇，产生了一个无比丰富的历史年代。在这个时代，科学进步和开明知识活动层出不穷，融会贯通，在欧洲文艺复兴的黎明引领前行，在拯救希腊文豪巨著免于淹没的过程中，做出了巨大贡献。无论在东方还是在西方，伊斯兰文明所做出的贡献，始终是人类文明进步的一个完整部分。为了在这个星球上获得人类可持续的存在感，过去是、现在仍然是我们追求的根本目标。然而，的确令人悲哀的是，尽管以前的环境非常适于继续履行这个文明使命，但有些人还是认为，伊斯兰文明终结于安达卢西亚，这是一件很正常的事情。

当穆斯林信徒来到这片土地上的时候，他们与这片土地上的人民和睦相处。他们还对形成安达卢西亚的独特个性做出了贡献。在安达卢西亚社会中，他们协助伊斯兰文明复兴的伟大贡献是，安达卢西亚的穆斯林统治者避免了所有形式的种族优越感和极端主义特征，那些特征只会阻碍文明复兴和科学进步。

当穆斯林接手安达卢西亚时，安达卢西亚的阿拉伯人和柏柏尔人，远远不足七万人，与人口多达数百万的哥特人恰恰相反。这一点可以清楚地表明，这不是一次军事上的胜利，而是文化与文明占了绝对优势。

伊比利亚人非常热爱阿拉伯语，不仅能写会道，而且能用阿拉伯语为自己的诗歌谱曲填词。西班牙人这么喜爱阿拉伯语，以至从来没有处于穆斯林统治之下的西班牙北部国王，签署官方函件都用阿拉伯语。此外，历史文献也充分证明，西班牙穆斯林用阿拉伯字母书写自己的母语，称为Aljamiado（西班牙安达卢西亚地区的人，用阿拉伯字母书写的一种古老语言——译者注。）

人们不欣赏伊斯兰出现在西班牙的价值，是件令人遗憾的事情。安达卢西亚文明，堪称举世无双。很多伟大的思想家证实，穆斯林时代的西班牙，是中世纪期间照耀全球的重要文化启蒙灯塔，也是史无前例的知识、科学、工程、艺术、文学革新和创造的中心。格拉纳达市是历史悠久的创新与文化相遇的核心，所以确切的说，这个城市本身就是东方遇见西方的地点。

假如我们仔细思索那个时代期间开明人类思想的坚实基础，那么阿拉伯哲学家伊本·卡尔顿就是一个很恰当也很有说服力的案例。因此，我们相信有必要阐明此事，对待历史事实，我们应该秉持积极的、富有建设性的精神，这种精神可以塑造我们的现在与未来。

今天的安达卢西亚，树立了一个尊重人权和宗教的榜样。它已经落实了一个计划，旨在建立维系文化对话与互相尊重的关系，用于不同的宗教信仰和生活方式。借助于这种做法，安达卢西亚得以重新营造出一种和平稳定的氛围。这就是我们为今天的安达卢西亚所制定的目标，我们呼吁大家为实现这个目标而奉献自己的力量。[1]

借此机会，阿卜杜萨马迪·安东尼奥·罗密诺先生也发表了演讲，转达了西班牙王后索菲亚对我和听众的问候。他还说道，今天象征着一个里程碑，反映出伊斯兰教的伟大，反映出它的使命，反映出伊斯兰文明和人类原则的深度。他还向我表示了感激之情，感谢我对安达卢西亚的西班牙穆斯林信徒和伊斯兰教历史所给予的支持。

之后，阿扎格拉文化基金会为我举办了庆祝晚宴。出席晚宴的还有谢赫哈立德殿下、诺瑟·卡米佐阁下、苏尔坦·拉希德·凯托布阁下以及驻欧洲各个中心、学院、研究所、机构、阿拉伯与伊斯兰文化协会的领导。在基金会的一个大厅里，组织了一个安达卢西亚艺术展览。展览包括著名艺术家诺瑟·卡洛斯·奎瓦斯的画作，描绘了安达卢西亚的清真寺、宫殿和其他建筑题材。

在举行开幕典礼的同时，驻欧洲四十多个伊斯兰中心和协

1 谢赫哈立德·本·苏尔坦·本·穆罕默德·卡西米殿下已经研究了与安达卢西亚地区阿拉伯文艺复兴有关的西班牙文献。

会的领导会议，恰巧也在阿扎格拉文化基金会举行。该会议由ISESCO召集，合作方是伊斯兰发展银行。该会议在落实伊斯兰文化活动的语境下召开，这些活动由ISESCO提议，第二十七届伊斯兰外交部长会议接受，第九届伊斯兰大会批准。

会议宗旨在于落实伊斯兰文化活动的策略，支持驻欧洲文化中心和伊斯兰协会领导之间的合作，纠正西方媒体描绘的“错误”伊斯兰形象。在为期三天的会议期间，组织了很多专题讨论会，以便在欧洲的穆斯林社团和少数民族群体中间确立文化、教育、社会和媒体作用的优先权。该会议还介绍了在欧洲文化中心所进行的成功实验，并制定了一个策略，让来自伊斯兰世界的知识分子和科学家，从访问欧洲中受益。

格拉纳达大清真寺

7月8日晚，我接见了一群西班牙穆斯林信徒。我们围绕格拉纳达清真寺项目展开了讨论，该项目依靠摩洛哥、利比亚和马来西亚提供的资金已经开工，但却不幸被迫停工。因此，西班牙穆斯林请求我给予支持，以便完成该项目。我同意了，并要求晨祷之后，约他们去现场会面。项目现场位于小山上，从山上可以鸟瞰格拉纳达的阿尔贝辛区。我发现工地上只竖了几根柱子。于是，我便一口答应，支持完成该项目。

我资助了后来称为格拉纳达大清真寺的建设费，该项目于两年之内竣工。项目负责人邀请我主持大清真寺的开幕典礼。2003年7月9日，我抵达格拉纳达，专程为清真寺及其文化中心主持开幕仪式，以便在更广泛的语境下，支持东方阿拉伯和穆斯林人民与西方不同民族不同文明之间的文明和文化对话。

我受到了格拉纳达市副市长塞巴斯蒂安·佩雷斯、阿联酋驻马德里大使苏尔坦·拉希德·凯托布阁下的欢迎。在场的还有驻沙迦宗教基金秘书处总干事贾马尔·塞勒姆·图莱菲阁下、阿卜杜萨马德·安东尼奥·罗密诺先生、几位大使，西班牙高级官员以及阿联酋驻马德里大使馆成员。

格拉纳达市副市长对我们表示欢迎，预祝我们的访问愉快而成功。此次访问期间，妻子谢哈贾瓦赫·本·穆罕默德·卡西米和儿子谢赫哈立德·本·苏尔坦·本·穆罕默德·卡西米陪同随行。格拉纳达宗教基金（捐赠）委员会主席马利克·阿卜杜尔·拉赫曼·鲁伊斯先生，提到了我对该项目所提供的实质性的支持。这是西班牙穆斯林一直翘首以盼、现在感到非常喜乐的清真寺项目。

在宗教基金委员会组织的新闻发布会上，副市长进一步指出，所有人都在期望该清真寺将发挥的重要作用，特别是届时世界正在见证穆斯林的积极步伐和首创精神，从而证明伊斯兰是一个宽容而友好的宗教，无疑不具暴力倾向和消极性。他进一步补充说，格拉纳达市的全体居民认为，大清真寺及其文化中心的落成和开幕典礼，对于真正的文化间相遇而言，是一个国际大事件，也是一种至关重要的催化剂。

格拉纳达宗教基金委员会委员兼阿扎格拉文化基金会主任阿卜杜萨马德·安东尼奥·罗密诺先生，概括介绍了这个伟大的文化项目施工建设阶段的情况，说我作为文明与文化相遇的一名先锋战士资助了该项目。他重申，这座文化灯塔的开幕典礼，将成为西班牙穆斯林之间关系的一个转折点，因为该文化中心和清真寺将用作一个分享经验和努力的论坛，使该项目有益于阿拉伯、西班牙和欧洲文化之间的对话，说具体点，是西班牙文化，从广泛意义上来说，是欧洲文化。他又说道，该项目是集某些阿拉伯与穆斯林政府以及西班牙政府众多倡议和贡献而成的结果。借助于我的贡献，完成并实现该项目的荣誉，应该归于沙迦政府。

7月9日晚，我在欧洲－阿拉伯管理学校董事会组织的会议上，发表了一个讲话，以此纪念我访问该校。我的访问是支持文化、科学和学术机构的一部分活动，我在那里评估了这个领先学术机构所树立的榜样，展现了这是欧盟、阿盟和西班牙政府之间富有成效的合作中最为成功的项目之一，从而在阿拉伯和欧洲学术机构之间的学术、专业和行业合作中，获得了显著的成功。

在讲话中，我重申说，欧洲－阿拉伯管理学校，象征着国家之间文化与科学合作最成功的桥梁之一。我还呼吁通过成立文化机构去促进这种合作，强化互相合作的、理性的、有根据对话的观念，交流其他国家必须提供的专门技能和知识，让其他国家了解我们先进遗产和文明，我进一步解释道：

> 自从欧洲－阿拉伯管理学校创建以来，格拉纳达市就成了传播科学与知识的中心。该校欢迎来自欧洲的学者和研究人员，这些人后来将他们在格拉纳达的所见所闻，传播到世界各地。赞美真主，让这一切通过很多学校和大学得以源远流长，确保了这个城市在历史上的荣耀地位。今天，格拉纳达市通过欧洲－阿拉伯管理学校重现历史，让我们生动地想起这个城市美好的往昔，在这里各种宗教曾经融在一起，在这里充满了爱、诚实、奉献、真挚，这样的环境曾是格拉纳达的基本标配。通过

对这个学校的支持，西班牙政府复兴了这个城市昔日的宽容与荣耀。

在我们与西班牙政府和西班牙人民交往的过程中，我们对他们怀有莫大的尊敬与喜爱。西班牙政府感受到我们的真情实意，立即就接受并采用了我们关于开展文化之间对话的观点与提议。在西班牙开展文化之间的对话特别合适，因为在这片美丽的土地上，西班牙的遗产与我们的遗产曾经有过水乳交融的历史。

在这个有很多大学教授、研究人员和学者出席的会议上，我对西班牙政府支持该校的善举表达了感激之情，我还感谢格拉纳达人民所表现的慷慨与宽容品质，感谢他们与多种文化进行积极的互动。我还向格拉纳达市的副市长塞巴斯蒂安·佩雷兹表示了感谢，我在结束讲话时说道，“对该校作为连接我们与其他国家的桥梁之一的前景，我们感到非常乐观。我们希望建立真正的友谊与伙伴关系，以便促进各种知识、学术和文化，旨在与全世界分享这个妙不可言的趋势与实践。”

7月10日上午，我正式为格拉纳达大清真寺及其附属文化中心主持开幕典礼。出席这个盛典的有安达卢西亚自治区主席安东尼奥·马蒂内兹·卡勒阁下，还有几位大使，西班牙王国阿拉伯与穆斯林外交代表团的正副团长，文化中心的几位主任，大学教授，还有在西班牙的几位伊玛目和传教士。

当我到达清真寺现场时，庆典进程随即开始。一千多人正在那里等我，包括格拉纳达市的显要人物和西班牙、阿拉伯和穆斯林团体的一些成员。我问候了与会显要和贵宾之后，便走向举行庆典的清真寺花园。庆典开始时，有一位西班牙穆斯林的儿子诵读《古兰经》。接着，在这座矗立在格拉纳达市阿尔巴辛区中心的文化灯塔的开幕典礼上，塞巴斯蒂安·佩雷兹代表格拉纳达市市长何塞·托雷斯·奥塔多发表演讲。佩雷兹赞扬了我的出色倡议，建立这个机构作为不同文化间对话的平台，他还补充说，这个开幕典礼堪称整个西班牙的年度盛事，在格拉纳达人民的心中，该清真寺及其文化中心占有一个特别的位置。

演讲即将结束时，他说格拉纳达省准备提供所有必要的支持，以便清真寺和文化中心能够完成其崇高使命。土耳其共和国总理代表内维斯特·雅尔塔教授，也从自己的观点出发，在讲话中赞扬了这个文化地标在西班牙穆斯林的生活中，在他们与别人的联系和对话中，特别是与慕名前来欣赏阿尔罕布拉宫壮观的众多游客的联系和对话中，所具有的极其显著的重要地位。

格拉纳达大清真寺董事会主席马利克·阿卜杜拉赫曼·鲁伊斯也发表了讲话，他概述了清真寺和文化中心的策略和远景。他说委员会将以我为清真寺和文化中心的宗教基金（捐款）会制定的标准和准则为指导，突出从新格拉纳达的知识新源泉喷涌出来的阿拉伯－伊斯兰文化的文明风貌。他说，董事会对于不远的将来，持有乐观的态度。

然后，我儿子谢赫哈立德·本·苏尔坦·穆罕默德·卡西米用西班牙语发表演讲，他说：

> 我怀着游子还乡的感情，来到格拉纳达这个大都市。这里的一切，都充满了文明和历史的印迹，尤其是伊斯兰文明显然留存在西班牙和安达卢西亚的影响。特

别是在这个城市里，让人能够很容易看到曾经浸透全城的文明瑰宝，包括市内的纪念碑和居民习惯，甚至包括当地语言。

在我年幼时，对这个国家的印象是，它在地理上离我非常遥远，然而距离我的心，却又如此之近。于是，我便努力地学习这个国家的语言，却发现这个语言中，包含了很多阿拉伯词语。我怀着诚挚的愿望，去了解西班牙人民和他们的思想与行为。然后，我发现这些人民的传统习惯，与我们的传统习惯非常相似。这些传统习惯，流过他们的血液和我们的血液，在这片土地上融合在一起长达800年之久——这就是阿拉伯-伊斯兰文明在安达卢西亚持续存在的时间。

对于我来说，这个开幕典礼象征着一个召唤，召唤各种文明元素再次交集的兄弟会，召唤格拉纳达市这个受到祝福的清真寺成为跳板和火种，为了共存而发出这声召唤。因此，宣礼人“伟哉真主”的召唤声回响不绝，穿过格拉纳达市阿尔巴辛区的古城墙，一遍一遍地召唤着友爱、统一、对话和相遇。

然后，我为安置于清真寺花园中心的纪念匾揭幕。从此刻开始，格拉纳达大清真寺的宗教基金，通过运作和活动得以激活。

纪念匾揭幕以后，我在阿拉伯和穆斯林驻西班牙王国的几位大使以及其他宾客的陪同下，参观了清真寺及其设施。该清真寺的外观和基础，看上去很像历史悠久的阿尔罕布拉宫，堪称安达卢西亚特有的华丽建筑风格的典范，包括古老而华丽的格拉纳达之星，也是这种建筑风格。所有这一切元素，使这座清真寺成为一幢非常精美的建筑，充分表现了伊斯兰的建筑与装饰风格。

然后，我在儿子谢赫哈立德和贵宾的陪同下，前往主祷大厅，去行清真寺致意祈祷的两番拜功“赖克阿”（意为伏拜）。之后，我参观了清真寺，并聆听了设计方案的详细介绍，包括源自伊斯兰建筑各个方面的案例。在著名的科尔多瓦清真寺中一种小型壁龛（穆斯林祈祷时指示麦加朝向的清真寺墙上凹进去的半圆形壁龛——译者注），米哈拉布（祈祷者圣龛）的边角都用檀香木镶制，刻着古老的阿拉伯-安达卢西亚装饰图案。米哈拉布四周刻着以下几段《古兰经》铭文：

> 他是真主，除他外，绝无应受崇拜的。他是全知幽玄的，他是至仁的，是至慈的。
>
> 他是真主，除他外，绝无应受崇拜的。他多君主。他是至洁的，是健全的，是保佑的，是见证的，是万能的，是尊严的，是尊大的。赞颂真主，超绝万物，他是超乎他们所用以配他的。
>
> 他是真主，是创作者，是造化者，是赋形者，他有许多极美的称号，凡在天地间的，都赞颂他，他是万能的，是至睿的。[1]

四米高的米哈拉布边框上的《古兰经》铭文、雕刻和装饰，是摩洛哥非斯市一位最优秀的艺术家完成的杰作。另一方面，朝

1 阿卜杜拉·优素福·阿里《古兰经》译本，第59章（放逐），第22-24节。

向（指示麦加方向的圣器）的大理石表面，与耶路撒冷阿克萨清真寺发现的大理石表面相似。清真寺的窗户也与奥斯曼清真寺发现的窗户相似，清真寺的门与北非清真寺的门相比，足以乱真，门上的铭文和装饰，堪称精美绝伦。

然后，我移步前往伊斯兰文化中心，参观了演讲厅、阅览室和图书馆，馆内藏书量达到一万多册，还有多种语种的出版物，譬如阿拉伯语、西班牙语、英语、土耳其语和欧洲其他语种。我还接见了清真寺设计者——西班牙建筑师雷纳托·兰博伯特，以及《古兰经》的刻经艺术家。

位于历史悠久的阿尔贝辛区中心的格拉纳达大清真寺及其文化中心，由宗教资金会捐款兴建，于1994年被联合国教科文组织列为世界遗产胜地。该清真寺的设计风格，和谐地融入阿尔贝辛的阿拉伯建筑环境中：清真寺的墙壁用白石灰涂刷，窗户为拱形装饰。坐落在花园里的清真寺南墙正面，对着阿尔罕布拉宫建筑群和内华达山脉，并与圣尼古拉教堂的著名观景台毗邻，全世界所有国籍的游客，都可以从观景台上看日落。

这笔教产也将用于服务格拉纳达的穆斯林信徒，总计人数为一万两千万，其中有五千人拥有西班牙国籍，以及用于向西班牙和外国访客传播阿拉伯－伊斯兰文明所组织的研讨会、座谈会和讲座，包括着重弘扬伊斯兰文明中固有的宽容圣训。

格拉纳达大清真寺和文化中心的建筑占地面积为2150平方米，其中清真寺占地面积为600平方米，文化中心占地面积为750平方米，伊玛目住处、花园和庭院占地面积为800平方米。清真寺可以容纳六百多位穆斯林信徒同时祈祷，还专门设置一处可容纳150名女信徒做拜功的地方。当清真寺的庭院、花园和其他地方也用于祈祷时，总计容量一千人次。

清真寺宣礼塔的圆顶上刻着铭文“万物非主，唯有真主，穆罕默德是主的使者。” 根据安达卢西亚宣礼塔的四角式风格设计而成的宣礼塔，高于地平面14米，俯瞰着四周的树木、花朵、玫瑰和橘树。宣礼塔旁边是伊玛目住处和行政办公室。还有一处用于净身礼和其他服务，譬如停车场。另外，清真寺的地下室里，还配备有其他设施。

伊斯兰文化中心由三层楼组成，设有单独入口。该中心包括多功能厅，教室、阅览室和图书馆。文化中心和清真寺花园将对游客和非穆斯林信徒开放，有望在与非穆斯林信徒的文化互动中，发挥关键的作用。工作人员除了说西班牙语以外，全都能说一口流利的英语。

阿联酋驻西班牙大使兼阿拉伯外交使团团长苏尔坦·拉希德·凯托布阁下，对我来访表示很高兴。他说，我这次访问在各方面都很成功，从而增强了两国之间非同寻常的外交关系。他还补充说，我的礼物反映了沙迦在文化、科学与学术环境中的风采，沙迦的慷慨美德，已经远播到世界上的很多地方。他说，选择格拉纳达市兴建这个启蒙源泉，证明阿联酋人民、阿拉伯国家与西班牙人民所缔结的历史和文化联系，深远流长。

大清真寺宗教基金理事会为我组织了一次午餐会。出席午餐会的有谢赫哈立德·本·苏尔坦·本·穆罕默德·卡西米、安达卢西亚自治区主席安东尼奥·马蒂内兹·卡勒阁下、阿拉伯和伊斯兰国家驻西班牙王国大使和外交代表团团长、以及西班牙大学、学院、协会、机构和阿拉伯－伊斯兰文化与科学协会的校长、名誉校长和主任。

开幕典礼之后，我向酋长国新闻通讯社和沙迦卫星电视频道发表了一个申明：

> 我很高兴与西班牙穆斯林信徒一起参加这个清真寺的开幕典礼，由于缺乏资金，导致清真寺施工暂时中断，它就成了一个梦想。
>
> 我呼吁阿拉伯和伊斯兰世界联合东方和西方各国，一起探索各方面各地区民众的支持，旨在使他们成为架设桥梁的起点，为了人类的利益，进行文化与知识对话、交流专业技能、开展合作。承蒙真主的恩典，通过这个清真寺的开幕，西班牙穆斯林信徒现在感到，他们有了中东的弟兄，可以与之共享喜乐，分担忧愁。
>
> 其实，这个城市原本就是一座灯塔，知识从这里传播到欧洲其他地方。今天，这个城市领受荣耀当之无愧，它应该为自己在众多知识领域，为欧洲和阿拉伯国家做出无数贡献，而感到无比自豪。随着这座清真寺的开幕，梦想已经成为现实。现在，我们拥有了一个为全人类谋幸福的文化中心，不仅局限于做礼拜，而且在文化与经济发展的各个领域，我们也可以开展合作。
>
> 我敦促所有阿拉伯人和穆斯林造访格拉纳达，从整体上亲眼看看他们的祖先在这个城市里，在这个国家里，所取得的成就。

我还列举了很多历史学家公认的伟大遗产：

这些遗产在属于他们之前，其实是我们的遗产。我敦促所有慈善家帮助保护安达卢西亚的遗产。我们请求慈善家访问这个好客的国家，因为这个国家的人民，对穆斯林和阿拉伯人非常热情。在西班牙，无论在什么地方遇到任何人，他都会流露出以自己的阿拉伯祖先为骄傲的感情，他会伸出双手说道："瞧瞧我这双手，你没看见阿拉伯的血液流过这些血管吗？"

关于我在西班牙和德国启动开创性知识与发展项目时，我说道：

两年前，因为我们的宗教，我们的信仰和我们的归属感，阿拉伯人和穆斯林受到了不公正的指控和怀疑。[1]很多了解我们宗教的人，奋起捍卫我们的事业，但是大多数人在无意间采取了错误的策略，有时会批评和诽谤他人。这不应该是我们的做法，当然也不应该是自以为有充分理由的那些人的做法。恰恰相反，这是弱者的做法。我们应该踏出一条洁净的小道，通往其他人的心里，找到所有人类之间的共同性，以便建立起友好和睦的途径。我们应该克服分歧，将之搁置一旁。假如有一条小路把我们引到一起，我们应该走上这条小路；当任何问题变得棘手和复杂时，我们应该避开这些障碍，仅仅考虑公共利益和大家的共同利益。

今天，在安达卢西亚省，我们意识到，将我们连在

1　2001年9月11日，美国遭到基地组织策划的重大恐怖袭击。

一起的是一份共同的遗产，是我们平等庆祝的遗产。这份遗产，本身就应该是一个聚合点，而不是分隔点。就个人而言，正是因为这个原因，我才始终不懈地寻找共同性，希望它们存在于文化、艺术、科学里，或者在特别需要的情况下，存在于人道主义合作中，或者通过譬如国际组织这样的渠道，发现其间的共同性。因此，我在此呼吁，我们迫切需要通过全球机构与其他人民，进行交流与合作，譬如通过童子军运动、社会机构和人道主义组织这些全球机构，以便突出阿拉伯–伊斯兰国民的真实身份，以便清除心怀恶意的敌人泼在穆斯林人民品格上的污点。我渴望每一位阿拉伯人和穆斯林，都应该加入某种形式的活动，从而能够为复兴我们穆斯林共同体的荣耀和精华而做出贡献。

2003年7月10日晚上，我在格拉纳达下榻处，会见了格拉纳达市长何塞·托雷斯·奥塔多阁下。就我资助兴建格拉纳达大清真寺和文化中心之举，他代表格拉纳达居民，向我表示了感谢。

会谈开始时，我强调了阿联酋和西班牙之间的良好关系，并指出我们两国的关系史，可以追溯到数百年以前这一事实。我表达了自己的愿望，希望我的来访，在促进与增强文化、教育和经济领域中，将成为相互合作的催化剂。我还强调了西班牙政府在总体格局方面、格拉纳达市在具体行动方面，所提供的大力支持和富有建设性的合作。我概略提到沙迦和格拉纳达大学以及它们的文化和科学机构之间存在着潜在合作机会的几个领域，我还引证了沙迦与设在马德里大学考古科学部之间，就阿联酋考古勘探工作进行合作长达十年之久这件事。

格拉纳达市长作为一方地主，对我访问西班牙表示欢迎，并强调说，我为西班牙穆斯林和格拉纳达全体居民，在促进社会、文化和宗教活动方面所做出的努力与支持，使这次访问因之而更显荣耀。

会谈结束时，市长向我赠送了格拉纳达市钥匙，以此褒奖我在这个城市所做的非凡工作和文化成就。作为回礼，我送给市长一件制成传统阿拉伯匕首形状的纪念品，象征着阿联酋与西班牙王国之间的深厚关系。

第九章

荣誉桂冠

我有一个博士学位，还有世界其他大学授予的几个名誉博士称号。此外，我还接受过一些政府、科学与文化机构的荣誉桂冠。

达拉谟大学地理学博士

1999年7月2日上午，我携妻子和孩子抵达历史悠久的达拉谟城堡，出席为达拉谟大学毕业生举行的毕业典礼。那一天，在我妻子、孩子和朋友深受感染的喜悦气氛中，我获得了自己的博士学位——这是我连续三年刻苦研读的成果。我的毕业论文题目是《海湾地区的权力之争与贸易（1620－1820）》，该论文被视为具有重大意义的地理学研究成果，以及为阿拉伯和世界图书馆提供了有价值的补充史料。出席毕业典礼的有校长彼得·乌斯蒂诺夫爵士、副校长肯尼斯·卡尔曼爵士、教务长约翰·海沃德、代理副校长约翰·安斯蒂教授、地理系和国际边界线研究机构的杰拉尔德·布莱克教授，布莱克教授是我的毕业论文指导老师，此外还有其他教授以及博士、硕士、学士毕业生和他们的家人。

名誉博士

马来西亚国际伊斯兰大学教育学名誉博士

马拉西亚国际伊斯兰大学（IIUM）创建于1983年，下属八个学院涵盖了所有学科专业，可容纳来自93个国家的一万五千名穆斯林学生。该校提供双主修科目，校址位于首都吉隆坡附近。2000年11月8日上午，我在自己的办公室接见了IIUM最高委员会主席萨努西·贾尼德教授。他邀请我接受大学委员会授予的名誉博士头衔，表示承认我的学术地位。我们见面以后，贾尼德教授表示很高兴来到沙迦，他认为沙迦是知识与文化之都。他这时见到的我，只不过是沙迦大学和沙迦美国大学的校长，我们打算建立沙迦高等教育机构和IIUM之间的学术合作。另外，鉴于我在知识方面所做出的学术贡献，他邀请我访问马来西亚的大学，并接受名誉博士学位。

2001年2月4日上午，我离开沙迦，于当天晚上抵达吉隆坡。在专门举行的毕业典礼上，我接受了教育学名誉博士学位。毕业典礼于2月5日上午举行，马来西亚最高元首苏尔坦·哈吉·艾哈迈德·沙阿陛下驾临现场，陛下是苏尔坦·艾哈迈德·沙阿之子，彭亨苏丹。

当我到达大学总部时，毕业典礼便宣告开始。我在大学总部见到了IIUM最高委员会主席丹斯里（马来文: Tan Sri，是继敦之后最高的荣誉，全国只可以有75人拥有此头衔。——译者注）拿督斯里（ 马来文: Dato' Seri，是马来西亚的州封衔中的最高封衔——译者注）萨努西·贾尼德阁下，还有IIUM 董事会的成员，以及IIUM的校长、几位院长和副院长。之后，我见到了苏尔坦·艾哈迈德·沙阿陛下，陛下协助我穿上特意制作的博士袍。然后，我们前往典礼大厅，彭亨苏丹兼IIUM校长，宣布毕业典礼开始。接下来由拉德温·贾马尔博士诵读《古兰经》，贾马尔博士是分管国际事务、发展和学生事务的副教务长。然后，苏尔坦·艾哈迈德·沙阿陛下发表了演讲，他说："我感到非常高兴与自豪，有幸向沙迦酋长兼最高委员会成员——谢赫苏尔坦·本·穆罕默德·卡西米殿下，授予马来西亚国际伊斯兰大学的教育学名誉博士学位。"演讲完毕之后，便颁发了学位证书。

接着，我发表了获奖感言，表示很高兴在这个有名的学术机构，见到全体与会人员。

爱丁堡大学艺术与人文学名誉博士

2001年7月15日上午，爱丁堡大学授予我艺术与人文学名誉博士学位。爱丁堡大学是欧洲最古老的大学之一，该校的伊斯兰与中东研究系设立于270多年以前。当我们到达爱丁堡大学时，颁奖仪式即将开始。在那里接待我们的是大学董事长兼副校监萨瑟兰郡郡主，以及阿拉伯与伊斯兰研究系主任亚瑟尔·苏莱曼教授。别上必须的校徽之后，我们便前往主厅，大学董事会成员、校监、校长、副校长、系主任和教授们都在那里。

典礼开始，毕业生队列由我本人、萨瑟兰郡郡主和大学校长领头行进。然后，萨瑟兰郡郡主为我作了介绍。提到我在阿拉伯、伊斯兰和国际舞台上的学术地位。接着，亚瑟尔·苏莱曼教授发表了讲话，他指出我在科学、文化、历史和学术领域所发挥的先锋作用，以及在支持和创建大学、博物馆、文化与研究中心方面所做出的努力，另外还鼎力支持科学研究，保护阿拉伯和伊斯兰世界的历史与遗产。然后，萨瑟兰郡郡主向我颁发了艺术与人文学名誉博士学位证书。此后，才向其他毕业生颁发学位证书。

伦敦南岸大学法律学名誉博士

2003年4月29日上午，我访问了伦敦南岸大学，受到了副校监戴安·霍普金教授和几位学院院长的接待。在会见期间，我提起了该大学高水准的研究与学术活动。我们的讨论还涉及到加强学术和教育关系的各种方法，此外还讨论了沙迦大学和南岸大学之间的研究与研讨会合作事宜。当天晚些时候，我在伦敦皇家节日音乐厅接受了南岸大学授予的法律学名誉博士学位。

麦克马斯特大学管理学名誉博士学位

2004年5月16日，加拿大安大略省麦克马斯特大学授予我管理学名誉博士学位，以此褒奖我的学术地位以及在酋长国，特别是在沙迦发展与促进教育方面所发挥的作用。在卫生科学学院举行的典礼上，我发表了以下讲话：

> 贵大学的校监阁下，校长阁下、贵宾们、女士们、先生们，在此请允许我表示衷心的感谢，感谢麦克马斯特大学，在沙迦大学的发展中，所给予的持续而真诚的帮助。此外，我本人也想感谢你们，让我有幸对身处艰难时期的毕业生发表讲话，特别是阿拉伯毕业生。我是一个阿拉伯人，一个穆斯林，一个虔诚的信仰者。全能

的真主在《古兰经》中说道："你们说：'我们信仰真主与我们所受的启示，与易卜拉欣、易司马仪、易司哈格、叶尔孤卜和各支派所受的启示，与穆萨和尔撒受赐的经典，与众先知受主所赐的经典；我们对他们中任何一个，都不加以歧视，我们只归顺真主（伊斯兰教中的真主）。"[1]

我来自东方，漂洋过海到达这里，我双臂无力，心里充满了不安，疑虑和彷徨，拍打在我的脸上——我的背上，过去日子里留下的深深伤痕还在流血。然而，我还是来了，把我虚弱的身体扔到你们怜悯的海岸上。我像一个快要淹死的人，正抓着一根稻草，接下来有人救了我，所以我才站在这里。我的国家是圣城耶路撒冷，先知们在那里布道传教，我的人民知识渊博，融合了许多文明。他们灌注知识的海洋，将之发扬光大，将之献给欧洲，像一束亮光，把欧洲人从黑暗引到文艺复兴时期。

我的人民为世界奉献了科学：化学、物理学、天文学、代数学等等，并在那些学术贡献的史册上，留下了他们的印记和名字。我们今天使用的数字是阿拉伯数字。我们为世界奉献了零数。假如没有零数，至高无上的校长，我们将在何处？我列举这些并无炫耀之意，而是只想陈述我们并不愚昧这个事实。在我们进入今天的黑暗时代以前，阿拉伯国家饱受占领之苦。这些日子，世界上血流成河，到处充斥着恶意、仇恨和不公正。但

1 阿卜杜拉·优素福·阿里的《古兰经》译本，第二章（黄牛），第136节。

是我们必须逐一面对，以《古兰经》命令我们的同样方法去面对现实："你说，信奉天经的人啊！你们来吧，让我们共同遵守一种双方认为公平的信条：我们大家只崇拜真主。"[1]

假如我们还无法做到这一点，那么让我们虔诚祈祷：

主啊，
上帝的旨意，
从天上传于我们，因为我们的世界充满了不公和鲜血。
降旨于我们，因为我们爱你，我们将遵循你的榜样。
降旨于我们，让世界充满和平。
降旨吧。
愿平安与你同在，在你诞生之日，在你垂死之日，在你复活之日。[2]

现在，请允许我向今天齐聚于此的毕业生以及他们的父母说几句话。我们首先应该祝贺的人，应该是毕业生的父母，在牵着孩子的手、引领孩子收获这个幸福果实的过程中，正是这些父母发挥了巨大的作用。其次，我们应该用希望和祈祷来祝贺全体毕业生，祝愿你们的未来更加光明，因为在这个时而会有暴风骤雨袭来的世界上，应该去寻求应有地位的人正是你们。你们已经来到了十字路口，必须选择是走正义之路，还是坠入撒旦

1 《古兰经》第三章（仪姆兰的家属），64节。
2 这是作者自己的祈祷词。

的深渊。但是，要想选择正确的道路，始终不是那么容易。暴风骤雨肆虐之际，总会掀翻那些没有根的生命。然而，那些扎根深固的生命总是能够成功。请记住，你们的根很深，深如你们与父母的亲情关系。但是比这一点更加重要的是，你们应该时刻感到骄傲与幸福，永远感到骄傲与幸福。

费萨尔国王国际奖

2002年3月9日，我前往沙特阿拉伯王国，领取费萨尔国王国际奖的年度“伊斯兰服务奖”，伊斯兰教历1422年（2001年3月25日至2002年3月13日），以此嘉奖我在服务阿拉伯和伊斯兰世界中做出的学术与历史贡献以及文化成就。

我于当天下午到达利雅得。那年的颁奖典礼在费萨尔国王基金会举行。沙特阿拉伯王国第二副首相、国防大臣、航空部大臣、军队总监苏尔坦·本·阿卜杜勒–阿齐兹王储殿下为我颁奖，同时领奖的还有获得不同奖项的其他得主。身兼阿斯茹总督、费萨尔国王基金会总干事、费萨尔国王国际奖委员会主席的哈立德·费萨尔王子殿下，率领代表团前来接待我。出席颁奖典礼的还有阿联酋驻利雅得大使穆罕默德·苏尔坦·奥维斯先生阁下。哈立德王子对我表示欢迎，希望我在沙特兄弟间过得愉快。我与代表团中的资深成员握手致意，譬如费萨尔国王国际奖委员会秘书长阿卜杜拉·本·塞勒姆·奥萨米博士，此外还有沙特高级官员和阿联酋驻利雅得大使馆的成员。

当天晚间，在两座清真寺监护人法赫德·本·阿卜杜勒–阿齐兹国王的主持下，在利雅得举行的盛大颁奖典礼上，苏尔坦·本·阿卜杜勒–阿齐兹王子殿下为我颁奖。出席颁奖典礼的嘉宾中，还有几位皇家王子、大臣、学者、文人、知识分子和其他显要人物。

沙特国歌演奏完毕之后，苏尔坦王子与我以及其他第24届获奖得主一起合影，以纪念这一盛事。随后，所有皇室成员都走上主讲台。颁奖典礼开始，首先，由谢赫穆罕默德·毕舍尔诵读《古兰经》。接着，由哈立德·费萨尔王子殿下致辞。他说，我们的文化和文明乃是天赐，尽管人类文明并非是固守不变的。根据神的旨意，人类文明从东方传到西方，又从西方流回东方。哈立德王子强调说，我们今天欢聚一堂，就证实了这个原则。他说，费萨尔国王奖授予在其所在领域出类拔萃的领军人物和先锋战士，不分信仰，不问出身。费萨尔国王奖邀请全世界从我们的阿拉伯文明中萃取价值，从而在传播知识的过程中弘扬美德。费萨尔国王奖褒奖学者，费萨尔国王奖既看重文化，也重视现代化。在走向知识的前进道路上，我们都是合作伙伴，无需知道屈从恭顺，埃米尔补充说。

埃米尔致辞完毕之后，费萨尔国王国际奖秘书长阿卜杜拉·本·塞勒姆·奥萨米向第24届获奖得主致辞，他们之中不乏为伊斯兰教、思想、文化、文学、科学、医学提供了开创性服务的佼佼者。在致辞中，秘书长对沙特阿拉伯王国内阁会议第二副首相、国防航空大臣、军队总王储殿下表示欢迎。然后，秘书长说明了我的获奖经过，“伊斯兰世界协会、ALECSO、伊斯兰大会租住和其他组织全体毫无异议，一致通过提名谢赫苏尔坦·本·穆罕默德·卡西米博士殿下，获得本年度费萨尔国王国际奖的伊斯兰服务奖。”

在阿拉伯文学奖中，主题为“从事现代巴勒斯坦阿拉伯文学研究：历史、写作、数字与出版”的本年度阿拉伯文学奖，由胡萨姆·迪恩·奥米恩·哈提卜博士（叙利亚）和哈斯尼·穆罕默德·侯赛因博士（约旦）共同获得。主题为“慢性心力衰竭病理生理学”的医学奖，一起获得此奖的得主分别是费恩·瓦格斯坦博士（丹麦）和尤金·布朗沃尔德博士（美国）。主题为“数学”的科学奖，共同得主分别是尤里·马内恩博士（俄罗斯）和彼得·威利斯顿·肖尔博士（美国）。

从苏尔坦·本·阿卜杜勒–阿齐兹王储殿下手里接过费萨尔国王国际奖手写证书以后，我发表了以下获奖感言：

尊敬的沙特阿拉伯王国内阁会议第二副首相、国防航空大臣、军队总监苏尔坦·本·阿布杜勒–阿齐兹王储殿下，尊敬的贵宾们，愿真主保佑你们平安幸福。正是因为蒙领真主的恩典，我们今天才得以聚在这里，为伊斯兰和穆斯林服务。今天，当我们欢聚在这块受到祝福的土地上时，我们感受到真主的恩典更加仁慈，真主用伊斯兰使命荣耀了这块土地，使之成为先知穆罕默德的诞生地（愿平安与他同在）。

在这个有福的吉日良辰，我们只能恳求真主接受费萨尔·本·阿卜杜勒–阿齐兹国王的懿行，尽可能发扬光大先王留下的高贵遗产。毋容置疑，这次集会只是证明了先王代表伊斯兰和穆斯林行于世上的诸多美德之万一。

尊敬的贵宾们，我们始终坚定不移地遵循建立在我们崇高宗教之上的价值观与原则，始终确保我们的行为，让全能的造物主完全满意。在一个穆斯林国度里，我们的信仰始终会指引我们，看重交通和怜悯的价值，严格遵守先知的传统，先知如此引证道：“穆斯林的亲密和怜悯如同身体：如果一个器官生病了，整个身体也会生病。”（90：11-20，——译注）穆圣说：“有信仰的人们相亲相爱，相互同情，相互怜悯，像一个身体一样，如果这个身体上的某个器官生病，其它器官便因此而出现发烧、失眠现象。”我们聚集在这里只能表达侍奉真主时的这种唇齿相依的合作精神。愿真主指引我们，在为此努力的前行路上获得成功。

最后，我应该感谢两座神圣清真寺的监护人法赫德·本·阿卜杜勒-阿齐兹·沙特国王，感谢副首相、国民卫队总司令阿卜杜拉·本·阿卜杜勒-阿齐兹·沙阿特王储殿下，在他们两位的仁慈光临下，举行了这个集会。为了众人的福祉，愿真主赐予他们健康与成功。

在埃及科学节获得殊荣

2001年12月24日晚，在埃及第二届科学节的庆祝盛典上，由于我是费萨尔国王国际奖伊斯兰服务奖的得主，埃及也授予我一个荣誉，一方面因为我毕业于埃及的一所大学，另一方面鉴于我在阿拉伯和伊斯兰世界中，对学术、历史和文化领域所做出的贡献。在豪华壮观的庆典上，埃及总理阿提夫·奥贝德阁下为我颁奖。出席庆祝典礼的部长、省长、学者济济一堂，同时在开罗大学大礼堂，两千多位埃及教授和大学教师也举行了庆祝活动。

庆典之际，适逢开罗大学建校92周年校庆。获奖学者（科学家、教授、公共人物、以及其他领域的出类拔萃人士）全部进场，我站在前列。首先由艾哈迈德·努阿耶尼诵读《古兰经》作为典礼开场，接着是朗读国际著名小说家纳吉布·马哈富兹的贺信，他在贺信中指出，举行这个庆典时，正是国家和世界正在经历艰难时世之际，一片阴影笼罩着巴勒斯坦、阿富汗和世界上的其他不稳定地区。因此，庆祝科学节，马哈富兹在贺信中继续写道，应该为消除全面战争、贫穷和落后而铺平道路。马哈富兹表示，他为这个奖项机构感到无比自豪，因为该奖项对于为祖国进步做出贡献的社会贤达，是一种激励机制。

然后，开罗大学校长纳吉布·希拉里·乔尔瓦博士发表讲话，他为自己毕业于开罗大学感到特别骄傲。接着，他回顾了开罗大学为了祖国、思想、科学研究和民族斗争所取得的成就。他补充说，开罗大学培养出来的伟大人物，在每个人的生活中，正在发挥着重要的作用，他们在历史上留下了自己的印记。

在讲话中，乔尔瓦博士还强调，开罗大学本身就在发展社会和环境的进程中发挥着一个重要的作用。最近一段时间以来，在开罗举办的各种论坛、研讨会、大会中，就高等教育机构如何正在发展中社会里，能够发挥至关重要的作用问题，与会者提出了很多建议。这些建议可以根据若干不同的主题分组，包括具有用于高等教育的责任理念，设立国家资格认证机构，建立质量控制机制，开发相关的教学方法论，强调大学作为一个教学机构，强调称职的高等教育管理和财务的必要性，以及需要提供综合大学服务的评议。

在高等教育部的支持下，随着千禧年的到来，开罗大学开始发挥作用，并已取得了巨大成就。2000年举行的高等教育发展全国会议上，提出了25个不同的项目，并随之提出了100条建议，从而形成了立足于当今现代化、展望未来的支柱力量。埃及高等教育与科学研究部部长穆菲德·希哈布博士发表了讲话，对我和其他获奖者表示欢迎。部长强调说，庆祝科学节反映了开罗大学多年以来生成的价值流。这正是一所名牌大学通过其毕业生对世界做出的众多贡献，在过去数百年风靡该地区的知识运动中，开罗大学的一些毕业生，已经成为声名鹊起的领军人物。

典礼还在进行，终于轮到我登上了讲台。接着，在大厅里响起的一片掌声之中，埃及总理阿提夫·奥贝德博士为我颁发了一块纪念匾和一枚荣誉徽章。站在我旁边是其他获奖得主：谢赫扎耶德国际奖环境奖得主穆罕默德·阿卜杜尔·法塔赫博士、胡斯尼·穆巴拉克科学奖得主穆罕默德·沙菲·德哈瓦西里博士、人民议会前发言人苏菲·阿布·塔勒布博士、人民议会现任发言人

艾哈迈德·法辛·苏鲁尔博士、协商（舒拉）委员会主席兼媒体高级委员会主席卡马尔·穆斯塔法·希尔米博士、埃及前总理阿提夫·西德基博士、科威特著名作家苏艾德·苏巴赫博士、埃及副总理优素福·瓦利博士、《金字塔报》董事会主席、新闻协会主席伊布拉西姆·纳菲教授。出席典礼的还有政府部门的部长、省长、院长、学者与文人。

然后，埃及总理阿提夫·奥贝德博士发表演讲，他在演讲中强调了全能的真主对学者们的高度尊敬：你说，有知识的和无知识的相等吗？[1]他还列举了埃及学者多年来获得的成就，以及这

1　阿卜杜拉·优素福《古兰经》译本，第三十九章（队伍）第九节。

些人在埃及和国际上的获奖情况。接着，总理回到主题，他说，我们的科学家是我们的珍宝。他们在这片福地上、在这所著名的大学里研究和学习，他们是这个国家真正的财富。

艺术与文学勋章：骑士勋章

2003年7月21日，我抵达巴黎进行为期三天的访问。在此期间，我将接受法国艺术与文学勋章中的骑士勋章，以资褒奖我在学术、科学、文化与艺术领域做出的重要贡献，以及我对于国家之间的对话、知识发展、互动和讨论项目的慷慨支持，还有我在促进东西方人民之间艺术交流方面给予的支持。这是法兰西共和国以总统名义授予的最高荣誉，旨在感谢与认可公众人物在艺术、文学或这些领域的传播方面所做出的努力、成就与重要贡献。

我们一行在巴黎－勒布尔热机场受到了鲁瓦西市市长雅克·勒博的迎接，他对我们表示欢迎，并预祝我们在法国过得愉快。然后，接待代表团的高级成员与我会晤。他们当中有阿联酋驻法国大使赛义夫·穆巴拉克·伊里雅尼先生、沙迦基金总秘书处总干事贾马尔·塞勒姆·塔里夫先生，还有阿联酋大使馆工作人员和一些法国官员。

7月22日晚，法兰西共和国授予我艺术与文学勋章，文化与交流部部长让–雅克·阿拉贡先生阁下代表法国总统雅克·希拉克为我授勋。授勋典礼在巴黎音乐厅举行，出席典礼的有官方团体的高级法国官员、知识分子、外交部文化交流司的高级官员、爱丽舍宫的代表、许多国会议员以及其他高官显要。当我到达大厅时，授勋典礼即将开始，我受到了阿拉贡先生和其他高级官员的接待。之后，我们一起走向音乐厅。

接着，让-雅克·阿拉贡部长发表了讲话，他说：

今天晚上，在巴黎文化与交流部大厅里，以法国的名义，我非常荣幸地迎接一位来自阿联酋的名人——沙迦酋长殿下，他本身就是促进文化的纽带。尊敬的殿下，在发展贵国的知识与艺术领域中，你进行了孜孜不倦、真诚无比的工作。多亏您的努力，沙迦现在已经成为一个发挥艺术创造力的中心，成了一个安全的天堂。沙迦享有一套出色的文化基础设施，有二十多座博物馆（譬如考古博物馆、沙迦艺术博物馆和自然史博物馆），还有一个经常主办法国文化盛事的巨大文化中心。

殿下对于艺术的感悟、艺术品位、知识构造和个人使命感，使您成为当之无愧的艺术捍卫者、遗产保护者以及非常支持现代艺术创造力的一个非同寻常的热心者。此外，众所周知，尊贵的殿下最热心于沙迦老城的修复，你在沙迦老城为有创造力的艺术家设立了一块小小的飞地，从而该地区和世界各国的艺术爱好者有了一个聚集地。

联合国教科文组织选择沙迦作为1998年阿拉伯文化之都，乃是一个公平合理的决定。您把沙迦变成了一盏文化指路明灯，照亮了海湾地区的海岸。我可以举个例子说明——已经成为该地区作家和知识分子的论坛的沙迦国际图书展览会。其次，还有沙迦国际艺术双年展，这反映出殿下对艺术有着毫不含糊的兴趣。这个特别的盛会成了一块磁铁，广泛地吸引了法国的顶尖艺术家。去年春天组织的第六届沙迦艺术双年展，标志着海湾地区的一个新纪元，朝着新型的表现方式展开了自我，譬如形象意识的表现方式。

尊敬的殿下，在传播辉煌的阿拉伯文化方面，尤其是通过您用阿拉伯语和英国写作的海湾历史中，您亲力亲为地做出了自己的贡献。值得注意的是，您写作的《阿曼与法国关系》那本书，由巴黎L'Harmattan出版社出了法文版。此外，正是多亏了殿下的浓厚兴趣，关于阿拉伯湾地区的很多地图和古老手稿才得以获取、搜集与保存。部分珍品拟于明年在巴黎的阿拉伯世界协会展出。

沙迦对于阿联酋和法兰西共和国之间的文化与合作项目的支持，构成了连接我们两国友谊和友好关系的奠基石。这一点反映在法国艺术家经常参加沙迦艺术社团组织的文化活动中，反映在仅于1986年才开始挖掘的法国考古队取得的杰出成果中。

出于对根深蒂固的伊斯兰艺术之重要性的意识，法国对朝着这个方面发展的每一步，都给予了最强有力的充分支持。在此，我要特别提到法国总统上周发表的声明，他说法国正在考虑在卢浮宫设立一个伊斯兰艺术部，这就意味着即将加倍扩大伊斯兰艺术展厅的面积，目前这个展厅共有一千件展品。此举将促进由卢浮宫赞助的伊斯兰艺术与考古领域的学术研究项目。我请求尊敬的殿下，为这个项目提供鼎力支持，从而使之能够获得理想的结果。

我们全心全意地感激尊敬的殿下和您的夫人谢哈贾瓦赫·本·穆罕默德·卡西米所做出的巨大努力，你们的努力将会帮助有着特殊需要的那些人，并支持妇女在阿拉伯社会中发挥自己的作用。

文化部部长让-雅克·阿拉贡先生接着对我说道："法兰西共和国希望欢迎殿下来访，是因为您做出的许多重要贡献。我谨代表法兰西共和国的总统，授予殿下艺术与文学勋章的骑士勋章，本人实感荣幸之至。"然后，在欢乐的气氛和热烈的掌声中，阿拉贡先生为我佩戴上光荣的金质勋章。

我随即发表了受勋感言，我感谢法国政府授予我的荣誉，我将此既作为激励我在文化服务领域继续努力工作的动力，又作为由该世界的知识分子精英所表达的一种信任。接着，我回顾了在知识启蒙和跨文化交流方面，法国所发挥的先锋作用。我还着重提到了法国在文化、翻译、文学领域以及传播自由和正义这些理念方面所做出的贡献。然后，我对法国部长说道：

在此番简明阐述和广泛概括中，提及连接法国与阿拉伯和伊斯兰世界牢不可破的关系，让我感到极其愉快。我们都记得，在阿拉伯改革运动和阿拉伯文艺复兴运动中，法国知识分子所发挥的重要作用。我想以纪尧姆·波斯特尔为例，他于1539年成为法兰西学院阿拉伯研究职位的第一位教师，费时耗力地编写和出版阿拉伯语课本，包括语法课本和词典编纂。

还值得提起的是，在1591至1606年期间担任法国驻伊斯坦布尔大使的萨瓦里·德布里维斯，他其后在1608至1614年期间任职罗马。1613年，德布里维斯在罗马创办了第一家阿拉伯语出版社，三年以后在巴黎又创办了另一家阿拉伯语出版社。1616年，他看到自己的阿拉伯语法书由国王出版社出版。1628年，萨瓦里·德布里维斯去世之后，他的著作得以继续出版，这都幸亏安托万·维特利所付出的努力，维特利不仅是一位东方语言专家，而且还是国王出版社的负责人。

在17世纪，德尔贝洛(1625－1695)编辑了他的丛书《东方全书》。德尔贝洛逝世以后，于1697年由安托万·加拉德出版，《东方全书》被视为《伊斯兰教百科全书》的核心内容，极大地丰富了后者的编纂。在1704至1717年期间，随着《一千零一夜》的出版，加拉德由此更加闻名遐迩，因为《一千零一夜》提高了人们对东方的强烈兴趣，从而在公众之中发展了对东方文学的品味。

在与这个前浪漫主义趋势并行的同时，我们看到了具体的、客观的、现实主义的趋势也在兴起的过程，这种趋势最具代表性的典型人物是沃尔尼伯爵（1757－1820）。他的著作《叙利亚与埃及之行》之所以值得称赞，是因为该书详细分析了当时的社会和政治形势。在埃及的法国战役中，沃尔尼发挥了一个重要的作用。从性质上来看，这次战役并非一场纯粹的军事行动，反而具有科学和文化方面的其他特性。不过，也幸亏了这次战役，才得以重新点燃阿拉伯文艺复兴之火。大约有167位法国科学家组成的一个所谓的科学考察团，在编纂《埃及描述》（1809－1822）巨著中工作出色。这套举世无双的出版物，深入研究了埃及考古学、人口、医学和艺术领域。

拿破仑在他的“东方号”战舰上，还带了一台印刷机，后来发表了著名的《告埃及人民书》。这就是埃及曾看到的第一个阿拉伯语出版物。此外，也正是拿破仑，于1798年建立了埃及的邮政服务系统，并开始出版他的科学院编写的期刊《al-‘Ashriyya al-Masriyya》。

19世纪见证了法国在东方研究方面真正的文艺复兴的开始。凡是任何渴望获得关于近东文明方面扎实知识的欧洲人，必须在1795年根据巴黎国际公约创办的东方语言专科学校就读[1]。该校建立在一个充满革命热情的气氛中，语言学家路易斯-马蒂厄·蓝歌籁，为这个学校殚精竭虑，勤勉努力；希尔维斯特·德·萨西（1759－1838）被任命为该校的第一位阿拉伯语教授。这个时期还见证了巴黎亚洲协会于1822年成立，由萨西担任该协会第一任主席，其后几年开始出版了该协会自己的期刊。多亏维克多·雨果和他的《东方诗集》（1829），以及德拉克鲁瓦绘制的漂亮插图，东方文学才开始在欧洲变得众所周知。最后，我想提到的是，在19世纪中，为何这么多知识分子对东方文学产生兴趣并给予关注，注意这一点非常重要。在这个趋势中，最突出的代表人物是欧内斯特·勒南(1823－1892)，他写了很多关于伊斯兰教和伊本·路世德[2]的著作。

综上所述，更为重要的是这一事实，即法国思想对席卷奥斯曼帝国的改革运动所做出的重要贡献。在这方面值得提起的是法

1　现在称作法国国家语言东方文化研究院(INALCO)。

2　1126—1198，生活在中世纪时期的知名阿拉伯哲学家、教法学家、医学家及自然科学家——译注

国大使舒瓦舍尔·古弗雷，他是法国科学院让·勒朗·达朗贝尔的继任，后来于1784至1792年担任法国驻伊斯坦布尔大使。舒瓦舍尔·古弗雷抵达伊斯坦布尔时，由一个庞大的考察团陪同（令人联想起拿破仑的随行考察团），其成员有官员、画家、地形学者、诗人和技术人员。于是，法国的革命思想便开始通过很多渠道，得以迅速传播。

在此，我们只想提一下旅行日志、大使报告，以及奥斯曼作家呈报苏丹王的报告和陈述。不过，最具影响力的源头，也许当数出版物中的伊斯坦布尔综述，即18世纪末期，由穆斯林作家撰写的著作，譬如穆罕默德·拉伊夫和赛义德·穆斯塔法。

在法国，在新的自由价值观的影响下，只有对改革观念比较有热情的一些人，才会经常从事写作。总部设在法国驻伊斯坦布尔大使馆的翻译培训学校（年轻人的语言），在说法语的人群中，对于阿拉伯语、波斯语、土耳其语的传播，也发挥了一个重要的作用。于是，这个发展趋势催生了大量东方文学著作被翻译成法语。

在17世纪中，法国作家让-巴普蒂斯特·塔弗米尔和让·查丹描写了他们的波斯之行，首次尝试了游记文学写作。这时我们才知道，对海湾地区波斯湾海岸的描述（1660－1670）归功于法国旅行家让·瑟夫诺和巴特勒米·赫伯罗·德谟莱威尔，他们在1760年第一次描述了生活在世界海湾地区的阿拉伯人。法国贵族文豪约瑟夫·阿瑟·戈宾诺以东方为题材，写出了最优美的短篇小说，包括在《亚细亚三海湾》（1855）中描述了马斯喀特之行。戈宾诺曾担任派往波斯外交使团的秘书（1855－1858），也曾出任法国派往波斯的外交大臣（1862－1863）。

1988年，考古学家简·迪昂拉弗与驻波斯的法国考察团一起工作，开始了她的考古生涯。她写作的一本书，曾多次再版，堪为游记写作的杰出典范。她这本书不仅有自己画的插图，而且在描述海湾沿岸居住的阿拉伯和波斯群落方面，还表现出卓尔不群的写作才能与叙事技巧。

在19世纪，祖国、共和、自由、平等这类法国革命观点第一次涌现出来，并且渐渐被阿拉伯人接受。所以，应该强调的是，彰显20世纪特点的丰富科学和文化，乃是共享科学与文化遗产的成果，这笔遗产不仅是无价之宝，而且是取之不尽用之不竭的源泉。

演讲完毕之后，我赠送给法国文化与交流部部长一把阿拉伯匕首。法国部长回赠我一本关于法国文化与文学的书。

第十章

访问阿拉伯国家

自2000年5月至2004年1月，将近四年时间里，我前往国外进行了一系列官方和私人访问。

短暂访问阿曼苏丹国

1989年12月，我对阿曼进行了一次友好访问。这次访问仅仅持续了几个小时，我与卡布斯·本·赛义德苏丹陛下会晤，地点是位于苏哈尔省苏丹陛下的巴赫贾特－阿勒安札农场里。这次访问将进一步确认维系我们两国兄弟般的关系，并促进未来的合作与团结，旨在合作的道路上一起稳步前进。在与卡布斯苏丹陛下会谈间，我转达了我们的兄弟阿联酋总统谢赫扎耶德·本·苏尔坦·阿勒纳哈扬殿下的良好祝愿，殿下一贯强调，把我们两国人民联在一起的这种关系，具有不可分割的完整性。在我们的交谈过程中，我强调了合作与团结的深度，这种深度以一种特殊的方式，稳固地存在于阿联酋和阿曼苏丹国之间。

苏丹陛下通过我向他的兄弟谢赫扎耶德殿下送上最诚恳的祝愿，并强调了把我们两国紧紧联在一起的诚挚而深厚的历史纽带和兄弟关系。在苏丹为他的阿联酋客人举行的欢迎午宴结束之后，我们原路返回沙迦。

时光荏苒，直到有一天，我收到陛下的一封正式邀请函，邀请我访问阿曼。于是，2001年5月9日， 我们一行离开沙迦，前往阿曼进行正式访问。几小时以后，我们抵达马斯喀特皇家机场。礼宾部副部长、我国驻阿曼大使艾萨·卡尔凡·霍雷梅尔，一起在机场迎接我们。与他们同来的还有赛义德·法赫德·本·穆罕默德·赛义德殿下，他亲切地问候我们，并祝愿我们在我们的第二祖国——阿曼——过得愉快。我和赛义德·法赫德殿下一起站在检阅台上，乐队演奏阿联酋和阿曼国歌。我们检阅了皇家仪仗队。然后，前来欢迎的人们依次向我问好，站在前面的是陛下的环境事务顾问赛义德·什比布·本·泰穆尔·本·费萨尔·赛义德、内务部部长兼荣誉接待委员会主席赛义德·阿里·本·哈穆德·本·阿里·奥尔布赛伊迪、外交事务主管大臣优素福·本·阿拉维·本·阿卜杜拉、政府部长和顾问、阿联酋驻阿曼苏丹国大使艾伊拉·卡尔凡·霍雷梅尔、阿曼驻阿联酋大使谢赫穆罕默德·本·马赫·玛迈里、几位GCC国家驻阿曼大使、一些苏丹国军队高级军官和阿联酋驻马斯喀特大使馆工作人员。

在机场欢迎仪式举行完毕以后，我们被请到VIP休息厅。随我出访阿曼的代表团成员有沙迦王储兼副酋长苏尔坦·本·穆罕默德·本·苏尔坦·卡西米殿下、埃米尔宫廷内务部长谢赫穆罕默德·本·塞勒姆·卡西米、中央财务部部长谢赫穆罕默德·本·沙乌德·卡西米、沙迦石油公司副总裁谢赫苏尔坦·本·艾哈迈德·本·苏尔坦·卡西米、埃米尔宫廷内务顾问阿卜杜尔·拉赫曼·本·阿里·乔哈瓦阁下、埃米尔宫廷内务主任拉希德·本·艾哈迈德·本·谢赫阁下。

那天上午，我们又前往贝特巴拉卡宫的苏丹办公室，与阿曼苏丹卡布斯·本·赛义德苏丹陛下会晤。在会议期间，我们讨论了两国之间在所有层面和领域的良好双边关系和合作框架。我的随行代表团和阿联酋驻阿曼大使也出席了会议。阿曼方面出席会议的人员有内阁事务委员会副首相赛义德·法赫德·本·穆罕默德·赛义德殿下、苏丹宫廷大臣赛义德·赛义夫·本·哈迈德·奥尔布赛伊迪、苏丹办公室大臣阿里·本·马吉德·玛迈里将军、阿曼驻阿联酋大使谢赫穆罕默德·本·马赫·玛迈里。

在马斯喀特，我们下榻于阿布斯坦宫。当天下午，我分别会见了两位政要：国防大臣巴德尔·本·沙乌德·本·哈利布·奥尔布赛伊迪和卡布斯苏丹陛下的特别顾问哈迈德·本·霍穆德·奥尔布赛伊迪。这两次会见，阿联酋驻阿曼大使都在场。

当晚，卡布斯苏丹陛下在阿巴卡拉宫设宴招待我们。阿曼方面应邀出席晚宴的有苏丹宫廷大臣、苏丹办公室大臣、国家委员会主席、舒拉协商会议主席、国防大臣、陪同我的内阁事务大臣和荣誉接待委员会主席、高等教育大臣、阿联酋驻阿曼大使、阿曼驻阿联酋大使，还有一些顾问和高级官员。

2001年5月10日上午，当我们结束为期两天的访问准备离开阿曼时，我拜访了卡布斯苏丹大清真寺。到机场为我们送行的有副首相、内阁事务大臣和接待委员会主席、外交事务大臣、阿联酋驻阿曼大使、阿曼驻阿联酋大使，还有一些阿曼高级文官和军官。

离开马斯喀特途中，我发了以下电文：

尊敬的阿曼苏丹国卡布斯·本·赛义德苏丹陛下：

当我们离开自己的第二故乡——亲爱的阿曼苏丹国——之际，我们很高兴向您和苏丹国人民表示我们的衷心感谢和深深感激，为我们所受到的盛情款待，为我们所知遇的兄弟真情。这些感情只能证明，将我们两国领袖和人民连在一起的、兄弟般的手足之情，是难以割断的。这次访问为我们创造了一个宝贵的机会，使我们得以交流观点，加强我们两国之间的关系，巩固您和您的兄弟谢赫扎耶德·本·苏尔坦·阿勒纳哈扬殿下已经奠定的基础。另外，这次访问还能够使我们亲眼看到，在您的英明领导下，贵国所取得的骄人进步，以及贵国正在享有的繁荣兴旺。

您诚挚的

沙迦酋长国酋长苏尔坦·本·穆罕默德·卡西米

短暂访问埃及

2001年5月23日，我离开沙迦前往开罗。这是在阿联酋和阿拉伯埃及共和国之间的良好关系和富有成果的合作框架之内的一次访问。

到达机场时，前来迎接我们的是阿联酋驻埃及大使穆罕默德·艾哈迈德·阿勒穆罕默德，当我走下飞机时，他陪我同行。站在欢迎人群前排的是高等教育与科学研究部部长穆菲德·什哈布博士，他向我表示了最热烈的欢迎，并祝愿我在第二故乡埃及过得愉快和访问成功。接着，我受到欢迎人群的问候，他们是艾兹哈尔大学校长艾哈迈德·奥马尔·哈森博士、开罗大学校长纳奎布·艾希拉利·乔哈尔博士、开罗大学农学院院长萨尔瓦·巴尤米博士、遗传学家艾哈迈德·穆斯塔基博士，还有一些阿联酋驻开罗大使馆工作人员。

我埃及之行的随行人员是：沙迦文化与信息部部长谢赫伊萨姆·本·萨克尔·卡西米、石油委员会副主席谢赫苏尔坦·本·艾哈迈德·本·苏尔坦·卡西米、沙迦埃米尔宫廷总管拉希德·本·艾哈迈德·本·阿勒谢赫、沙迦酋长殿下的高等教育事务顾问阿卜杜尔·哈米德·哈拉布博士、沙迦大学校长伊萨姆·阿扎巴拉韦博士以及一些学者。

然后，我们前往下榻处，在那里会晤了阿拉伯组织行政发展部的总干事穆罕默德·易卜拉欣·图瓦里博士、埃及通用图书组织主席萨米尔·沙尔罕博士，还有其他一些官员。当天晚上，我出席了位于开罗郊区纳赛尔城的埃及历史研究协会新总部举行的开幕典礼。

到达总部时，接待我的是穆菲德·什哈布博士、协会主席拉夫·阿巴斯·哈迈德博士，还有一群研究人员、开罗大学历史教授和一些大学教师。由我私人出资的总部开幕典礼开始，首先由我剪彩，并为纪念匾揭幕。该纪念匾是为了纪念我在拯救这个受人高度尊敬的协会中所发挥的作用，使之免于在保护阿拉伯历史的过程中，险些停止发挥其宝贵作用。

我听了该项目主管工程师的介绍，他对我们详细叙述了这座建筑物及其设备设施，然后，我们巡视了新楼的各个区域。我亲自了解到即将提供的学术服务，即将进行各项研究的性质、即将投入用于维护、检索、保护文件、地图、书籍和手稿的各项设施。我还听取了关于协会工作职责的详细介绍，即服务于阿拉伯和伊斯兰历史，保护其免于滥用、挪用和歪曲。我还借此机会亲自了解到该协会的纲要和计划，并浏览了一些出版物。

在开幕典礼上，我被授予协会名誉主席的称号。诵读《古兰经》之后，我无比荣幸地接受了该协会董事会颁发的名誉主席委任状。然后，董事会主席拉夫·阿巴斯·哈迈德博士发表讲话，他高度赞扬了我对协会和全体历史学家的支持中所做出的努力。他说道，这个善举只能明确无误地反映出，对作为一个整体地区之内的阿拉伯和伊斯兰历史的保护方面，我所做出的贡献。

接着，艾因夏姆斯大学的历史教授穆罕默德·里法特博士背诵了一首诗，对我向阿拉伯世界的学术和学者所捐献的这笔资金和我们的慷慨行为表示感谢。然后，举行了一个讲座，标题是《海湾通史》，讲述的是在不同时代中，海湾地区各方面的历史。接着，我签署了捐赠协议，协议规定该建筑将属于协会财产，并根据基金法，用于协会认为合适的用途。

该建筑坐落于开罗纳赛尔城一处寸土寸金的地段，地基面积七百平方米，一共有三层楼，采用了精美绝伦的阿拉伯与伊斯兰建筑风格。该建筑的一楼是行政管理层，设有几个办公室和一个演讲厅。二楼和三楼是图书馆，每层楼占地面积为三百平方米，书籍和参考文献藏书量达到五万册。在举行开幕典礼时，已经置办藏书两万册，此外还有一千五百册阿拉伯期刊杂志和两千五百册外国期刊杂志，内容全都涉及历史研究。另外，还有一个图书馆正在规划中，该图书馆包括一个配置计算机的实验室和容员一百五十人的会议厅。历史研究协会的整体建筑及其配套设备实施和施工用地的总价共计四百万迪拉姆，工程在十个月之内竣工——这是创纪录的竣工周期，不过在我的监督指导下，还是如期完成了。

除了我的随行代表团以外，出席开幕典礼的还有阿联酋驻埃及大使、埃及历史研究协会秘书长、开罗大学历史系主任阿卜杜尔·穆尼姆·戈迈伊博士、一些历史研究学者，以及一些埃及官员。

当晚，文化部部长法鲁克·胡斯尼博士设宴招待我，宴会地点在开罗老城一处历史遗址——达布阿斯法街上的苏海米宅邸里。出席晚宴的有阿拉伯联盟秘书长阿穆尔·莫萨、穆菲德·什哈布博士、一些政要、学者、记者、艺术家、文人，以及我的随行代表团成员。在宴会席间，我们讨论了一些关于文化、文学、艺术和戏剧的话题。我们还聊到了阿拉伯人的创造力：譬如束缚创造力的因素，以及如何根据需要保存和持续发展的阿拉伯和伊斯兰身份，得以最有效地消除这些不利因素。

2001年5月24日上午，我在共和宫受到了穆罕默德·胡斯尼·穆巴拉克总统的接见。这次会晤洽谈了我们两国之间的良好双边关系，以及在谢赫扎耶德殿下和穆巴拉克总统的英明领导下，巩固这些关系的方法。此外，我们还讨论了阿拉伯和海湾地区的最新发展状况，以及双方都感兴趣的其他事宜。

埃及总统赞扬了我在阿拉伯和伊斯兰这两个世界层面上，在学术和文化领域所付出的努力。他提起我在全面兴建开罗大学农学院图书馆和信息中心项目中提供的支持，还提到我给予埃及历史研究协会的支持，从而最有力地促进了埃及的学术研究。参加会见的人有我的随行代表团成员，阿联酋驻埃及大使和穆菲德·什拉布博士。

结束了与穆巴拉克总统的会谈以后，我们直接前往开罗大学农学院。我在农学院主持了新图书馆大楼和信息中心大楼的开幕典礼。出席开幕典礼的有穆菲德·什拉布博士和开罗大学校长纳奎布·艾希拉里·乔哈尔博士。

在纪念匾揭幕以后，我按照传统剪彩，宣布图书馆大楼开始启用。接着，我参观了这幢两层楼的建筑，看到了准备完毕可以为研究人员提供的学术设施，并体验了配套服务，便捷的信息检索，方便有效地借阅书籍、期刊、文献和学术论文。

在大会堂里，开幕典礼从诵读《古兰经》开始，接着放映了几部纪录片，突出介绍了丰富沙迦和阿联酋人民生活的文明氛围。我们还观看了有关农学院百年校史的纪录片。最后放映的一部压轴纪录片，反映了图书馆及其各部门的几个施工建设过程。然后，农学院院长沙尔瓦·巴尤米博士发表讲话，她赞扬了我在支持农学院发展中所付出的努力。她说，对于埃及研究团体中的每个人而言，我的付出将成为激发学术灵感的源泉。

在讲话中，穆菲德·什拉布博士提到，我的杰出学术贡献，反映了存在于埃及和阿联酋两国人民之间的特别关系，在所有领域中，增强了我们对阿拉伯联合行动价值观的共同信念。接着我也发表了讲话，赞扬了埃及所发挥的学术先锋作用，以及过去和现在一直秉持为阿拉伯人民服务的精神。我特别提到了埃及对酋长国的教育事业所做出的贡献，并强调说“图书馆捐款是表达我们感激之情的一点绵薄心意”。然后，我接受了开罗大学农学院校友会赠送的一件礼物（一块纪念匾）。

我的随行代表团也出席了图书馆和信息中心的开幕典礼。埃及方面出席典礼的有埃及几所大学的校长、院长、系主任、埃及报纸主编和很多公共人物，包括政治家、思想家、记者、文人，开罗图书馆馆长、穆巴拉克公共图书馆馆长、很多埃及官员、外交使团成员、商人，以及负责这个大项目日常运作的工作人员。

我赞助给农学院的图书馆和信息中心，装备齐全，技术先进，无论就其科学含量和知识基础来说，还是论规模和设施而言，都堪称科学和教育领域一个前所未有的成就。因此，在支持整个阿拉伯世界各个领域的农业研究中，图书馆和信息中心将做出意义深远的贡献。

俯瞰着开罗大学大街和吉萨广场的这幢大楼，藏书量约有五万册，各种书籍和参考书门类繁多，此外还有博士和硕士专题论文和各种期刊杂志。该图书馆还配备一个完全集成化的网络，服务于一百二十三台计算机。图书馆还配备一个多媒体室和一个电子图书馆，关于农业方面的图书目录数据库、期刊和文章的光盘，都在电子图书馆里。图书馆与互联网连接，可以用于数据库搜索，以及与其他国家图书馆交流。

图书馆由两层楼组成，每层地面面积为一千五百平方米，这件独一无二的建筑杰作，具备地地道道的阿拉伯－伊斯兰风格，甚至在大理石和花岗岩地面和隔音橡胶地面的最不起眼的细节里，都明显散发着鼓舞人心的灵感。大楼使用木质装饰材料，雕刻着迷人的人造石材装饰构件和立柱，还有富丽繁复的枝形吊灯。大楼不仅做了防地震设计，而且采取了所有安全预防设施，旨在保证高水准的安全性。

图书馆的两层楼分布着四个厅，每个厅的占地面积为260平方米。多功能会议厅根据国际标准设计，除了一个投影室外，还有三个红外线操控的同声翻译室和一套音响系统。一楼的十个房间分别用于行政管理、教职工会议和研讨会。大楼后面有一个接待室、一个索引室、一个储藏室和一个数据录音室。此外，还有学院期刊、媒体和装订所用的办公室。

身为沙迦美国大学和沙迦大学的董事长，我在开罗大学主楼会见了开罗大学的管理委员会成员：大学校长、副校长和学院院长。这次学术会谈触及到在阿拉伯世界中如何发展高等教育的各种问题，以及处理这些问题时所运用的最先进国际经验。我简要介绍了阿联酋在高等教育方面的经验，概述了沙迦大学和沙迦美国大学的创办过程。我还分享了沙迦技术学院的经验，该学院采用最先进的教学模型和课程，旨在培训不同行业不同技能的学生。

那天晚些时候，我在阿拉伯联盟总部表达了自己信心——以及其他阿拉伯国家的信心——相信在新任秘书长领导下的阿拉伯联盟，在阿拉伯联合行动的框架内，有能力迎接前面的挑战。我重申阿联酋将继续支持阿盟在处理当前问题过程中所做出的努力。在总秘书处，我还会晤了阿穆尔·穆萨、秘书长、大使艾哈迈德·本·希尔利、秘书长助理和GCC办事处主任易卜拉欣·赛义德。我说很高兴参观总秘书处，特别是这次会议显示，在一些重大问题上，我们的路线是正确的。接着，我参观了总部和几个部门，在VIP访客留言簿上写了留言，表达了我对新领袖和阿盟的信心，相信他们在未来几年里能够发挥重要的作用，我祝愿阿盟一切成功。

阿穆尔·穆萨强调说，我这次访问无比宝贵，确凿无疑地预示我们双方能够携手合作，共同为阿拉伯祖国的利益服务。他确认说，我们的会谈处理了阿盟需要应对当前局面和未来前景的一些问题，以及在各个方面采取阿拉伯联合行动的问题。

当天晚上，我出席了在外交官俱乐部为我举办的晚宴。晚宴由穆菲德·什哈布主持，宾客包括法鲁克·胡斯尼博士、外事部部长艾哈迈德·马赫、总统顾问尤萨马·埃尔巴兹博士、吉萨省省长穆罕默德·阿布雷伊、纳奎布·艾希拉里·乔哈尔博士、艾因夏马斯大学校长哈桑·胡斯尼博士。出席晚宴的还有阿联酋大使和我的随行代表团成员。

5月25日，由于我是开罗大学农学院校友会的名誉主席，校友会在四季酒店为我举办了一个招待会。出席招待会的有纳奎布·艾希拉里博士、我的随行代表团成员、一些校友、学院院长、教授，以及一些知名学者、思想家、记者和文人。

招待会结束以后，我在下榻的住所接见了穆巴拉克总统的政治顾问尤萨马·埃尔巴兹博士。在会谈期间，我们讨论了埃及和阿联酋之间的双边关系，以及未来在各个行业中的合作框架。

当天晚上，阿联酋驻埃及大使穆罕默德·艾哈迈德，协同开罗的其他资深阿拉伯外交官，在大使的开罗府邸为我和随行代表团举行了宴会。出席宴会的宾客有阿提夫·奥贝德博士、穆菲德·什哈布博士、GCC各国大使、大学校长以及一些埃及官员。

2001年5月26日，我启程回国，于同日中午抵达沙迦。

卡塔尔一日访问

2002年3月3日上午，应卡塔尔总统埃米尔谢赫哈马德·本·哈利法·阿勒萨尼殿下之邀，我前往多哈进行为期一天的私人访问。这次访问真实地反映出我们两国英明领袖之间的亲密联系。埃米尔殿下率领接待委员会，在埃米尔礼宾司总干事和阿联酋驻卡塔尔大使的陪同下，谢赫哈马德殿下对我和我随行的代表团表示欢迎，祝愿我们大家在他所描述的“我们第二祖国”——卡塔尔——过得开心和顺利。

我到达时，彬彬有礼地前来迎接的人群中，有卡塔尔教育部长兼欢迎我的荣誉接待委员会主席艾哈迈德·哈利法·毕舍巴克·曼苏里博士、埃米尔礼宾司总干事谢赫穆罕默德·本·法赫德·阿勒萨尼、沙迦民航部总裁谢赫阿卜杜拉·本·穆罕默德·阿勒萨尼、卡塔尔高级军官和文官、卡塔尔驻阿联酋大使阿卜杜拉·穆罕默德·乌斯曼，还有阿联酋驻多哈大使馆工作人员。

在访问期间，我的随行人员有沙迦酋长顾问谢赫沙乌德·本·哈立德·本·苏尔坦·卡西米、文化信息部部长谢赫伊萨姆·本·萨克尔·卡西米、埃米尔宫廷顾问阿卜杜尔·拉赫曼·本·阿里·乔尔瓦、酋长办公室礼仪接待官苏尔坦·本·哈迈德·苏瓦迪，以及酋长私人护卫塞勒姆·巴拉斯瓦德上校。

那天下午，我在下榻处小憩之后，卡塔尔埃米尔谢赫·哈马德殿下在埃米尔宫廷接见了我。在会晤期间，我们回顾了在所有领域中我们两国之间良好的双边关系，并讨论了在他的兄弟阿联酋总统谢赫扎耶德·本·苏尔坦·阿勒纳哈扬殿下和卡塔尔埃米尔殿下的英明领导下，加强与发展这些关系的途径。我们还讨论了海湾和阿拉伯角斗场上的最新发展动态，以及双方感兴趣的其他问题。埃米尔殿下赞扬了我个人在海湾地区、阿拉伯世界和国际上的学术和文化领域所付出的努力，他还特别提到我荣获的费萨尔国王国际奖伊斯兰服务奖。

出席会见的有我的随行代表团成员和阿联酋驻卡塔尔大使。卡塔尔方与会人员是首相谢赫·阿卜杜拉·本·哈利法·阿勒萨尼、外交大臣谢赫哈迈德·本·贾塞姆·本·贾比尔·阿勒萨尼、艾哈迈德·哈里法·毕舍巴克·曼苏里博士、埃米尔宫廷事务总管谢赫阿卜杜拉·本·穆罕默德·本·沙乌德·阿勒萨尼、卡塔尔驻阿联酋大使阿卜杜拉·穆罕默德·乌斯曼阁下，以及一些卡塔尔高级官员。

会谈结束以后，谢赫哈马德·本·哈利法·阿勒萨尼殿下为我们举办了午宴招待会，出席招待会的还有一些显要人物、大臣和卡塔尔高级官员。午宴之后，在艾哈迈德·本·哈里法·毕舍巴克博士的陪同下，我作为沙迦大学和沙迦美国大学的最高校长，携我的随行代表团参观了卡塔尔大学。我们一行到达了大学校园，受到了卡塔尔大学校长阿卜杜拉·萨勒赫·胡莱菲、学院院长、系主任和研究中心主任的接待。

趁此机会，卡塔尔大学邀请我们参加了一个会议，我在会上作了发言，赞扬了卡塔尔大学取得的进步，以及在服务阿拉伯和海湾社会中所历经的巨大发展。卡塔尔大学理事会成员也出席了会议。然后，校长也在会上发表讲话，提到我多次访问卡塔尔大学，而且每次来访目的都是支持学术和学者。所以说，这些访问也是增强我们两国及其学术机构之间兄弟关系的重要步骤。他强调说，卡塔尔大学已经进入21世纪，有着自己明确的愿景和崇高的学术目标，这些愿景与目标，应该与这个时代的需求保持一致，与我们的伊斯兰传统保持一致。

胡莱菲博士补充说，虽然卡塔尔大学在建校之初只有两个学院，但是现在已有六个学院：人文与社会科学学院、科学学院、伊斯兰律法学院、法律和伊斯兰研究学院、工程学院、管理与经济学院。这六个学院共有四十个系和学术机构。此外，还有五个研究中心：纯科学和应用科学、伊斯兰教教规和先知圣训、教育研究、文献与人文、经济研究。除此之外，还有一些大学科学和学术设施，以及设有两个院长职位，负责学生事务和专管女生事务。

卡塔尔大学校长在结束讲话时，总结了该大学在造福卡塔尔和阿拉伯社会的进程中所发挥的作用。该校培养的优秀毕业生人数，从第一届的198名男女生，到第二十四届的1451人。这么多年走过来，卡塔尔大学的毕业生总数已经达到21000人。教职工人数从1976年的151人，到2001年的657人，其中有30多位教授是卡塔尔人。接着，胡莱菲博士向我赠送了一枚大学校徽，作为感谢我来访的纪念品。然后，我和随行代表团成员参观了各个院系和研究中心，陪同我们参观的有卡塔尔教育大臣、阿联酋驻卡特尔大使、卡塔尔驻阿联酋大使。

在卡塔尔和阿联酋之间良好关系的框架内完成的短暂访问，于当天晚上接近尾声，我们离开多哈回国。前来为我们送行的有艾哈迈德·哈里法·毕舍巴克·曼苏里博士、谢赫穆罕默德·本·法赫德·阿勒萨尼、阿联酋驻卡特尔大使、卡塔尔驻阿联酋大使，还有一些卡塔尔高级官员。

第十一章

瓜拉尼文化节

2003年12月6日，我收到了科威特国的正式邀请函，作为瓜拉尼文化节十周年庆祝活动的一个组成部分，授予我年度人物的荣誉，旨在表示认可我的知识与文化地位。科威特全国文化、艺术、文学委员会秘书长拜德尔·阿勒利法伊阁下向我递交了正式邀请函，邀请函由信息大臣兼科威特全国文化、艺术与文学委员会主席穆罕默德·阿勒塔赫尔阁下签发。作为回应，我赞扬了科威特和阿联酋人民之间不同寻常且历史悠久的友谊与合作关系，并强调在全体阿联酋人民的心里，对科威特充满了深切的感激与敬意。阿联酋人民依然会心怀感激地铭记，科威特对阿联酋的教育和卫生领域所做出的众多贡献。我着重强调说，在阿拉伯和国际层面上，科威特全国文化、艺术、文学委员会在文化和科学领域所付出的努力，具有巨大的价值：

文化、知识和科学是国家进步中的关键因素，因此我们有责任支持知识分子和传播文化的那些机构，包括图书馆、出版社和相关的国家机构……文化无需耗费巨资，把钱花在文化上是一种长期投资，投资在我们儿女的心灵中，投资在我们子孙后代的培养中，这一切都需建立在文明、文化和科学的坚实基础上。再说，这笔文化投资，也将生成未来几代人的生活方式，并成为国家建设的一种模式。

在并不遥远的过去，我们注意到，由于人民的日子过得粗糙而且比较不稳定，因此海湾地区所产生的创新者和知识分子人数之少，与人才辈出的阿拉伯世界其他地区难以相比。但现在已有改观，蒙领真主赐予海湾地区人民的馈赠和稳定，已经涌现出一批知识分子和创新人士。

我还详细阐述了阿拉伯国家共同关心的文化方面问题，这些问题需要我们共同努力，并进行有效的专业交流。我进一步强调，应该营造一个促进创造力和激励知识分子的环境，为他们的日常生活中提供稳定性、保护与支持，激励他们去工作去创新，旨在向文化及其所有方面注入活力。

拜德尔·阿勒利法伊阁下代表科威特方面发言，他说科威特国和科威特全体人民，对于我在国际舞台上促进阿拉伯文化所做出的努力，怀着深深的尊重与敬意。他说，科威特感到很高兴，我能应邀前来参加瓜拉尼文化节，以资褒奖我在本地区和国际层面上所发挥的文化先锋作用。

2004年1月10日，我抵达科威特。当我走下飞机时，由埃米尔礼宾部总干事陪同。在埃米尔机场，迎接我的人群前列，站着科威特首相谢赫萨巴赫·艾哈迈德·贾比尔·萨巴赫殿下，还有一些显要人物和高级官员。首相对我表示欢迎，祝愿我在科威特过得愉快，希望我把科威特当作第二故乡。我和他走上检阅台，我们两国国歌分别奏起。然后，我检阅了仪仗队，一一问候其他东道主：第一副首相谢赫努瓦夫·艾哈迈德·贾比尔·萨巴赫殿下、副首相兼国防大臣谢赫贾比尔·穆巴拉克·哈迈德·萨巴赫殿下。最后，我们前往巴扬宫下榻处。

解放塔

同一天，我和随行代表团一起参观了解放塔——科威特最有名的地标建筑之一。我们浏览了胜地，我发表了演讲，赞扬科威特在沙迦的教育发展中，所发挥的巨大文化和教育作用。在对酋长国新闻通讯社和科威特《祖国报》发表的声明中，我强调了科威特在阿拉伯地区所发挥的领袖作用，堪称各行各业学习的榜样。我还突出强调说，科威特全国文化、艺术与文学委员会，在丰富祖国知识分子生活方面，发挥了不可缺少的作用，并尽可能达到科威特饱受困境之苦时无法达到的最高水准。我难以忘记科威特的慷慨侠义，一直持续不衰地庇护沙迦和沙迦儿童将近五十年，恰如对待科威特本国的孩子。在已故阿卜杜尔·阿齐兹·侯赛因的领导下，科威特急沙迦之需，不仅提供课本和其他教材，而且还提供了师资。这种慷慨无私的援助，推动了进步的车轮，加快了我们向知识和教育进军的速度。我们希望继续前进，直到实现我们的所有愿望，不仅在沙迦和阿联酋，而且在整个地区和阿拉伯－伊斯兰世界，实现我们的所有愿望。

关于我当选瓜拉尼文化节年度人物这一殊荣，我强调说，我们的科威特兄弟向我发出访问科威特的友好邀请，以及给予我最热情的招待，的确是授予我的荣耀。我表达了自己的真诚祝愿，希望这个国家的政府和人民进步繁荣。最后，我表示非常高兴参观了贵国的旅游胜地——解放塔。

科威特科学俱乐部

1月10日晚上，我和随行代表团参观了科威特科学俱乐部，在那里会晤了董事会主席谢赫法拉德·优素福·沙乌德·萨巴赫，以及董事会董事、部门主任、男女研究员和即将卸任的董事。

趁我访问之机，董事会组织了一个综合研讨会，目的是在年轻人中间开发技能，鼓励年轻人热爱知识，培养好奇心，并学会最有效地利用自己的自由支配时间。通过提供一个有助的科学环境，这个研讨会还打算将这些年轻人的能量，转化为富有创造性和示范性的行动。在非常称职的专家监督下，他们将组建实践工作室，并配备工具和仪器。这一举措将与几乎在各个领域均可见证的迅速进步并驾齐驱。这一举措还迎合了这些年轻人探索新世界的渴望，将他们的兴趣爱好发展为专业工作，无论男生和女生都能胜任。

阿拉伯戏剧之夜

同一天晚上，我见到了几位阿拉伯戏剧演员，他们应邀前来参加文化节的阿拉伯戏剧之夜特别节目，作为全国文化、艺术与文学委员会组织的庆祝活动之一，以表示对我当选年度人物的认可。来自整个阿拉伯世界的艺术家、剧作家、知识分子和作家，济济一堂，前来参加这个招待会，并就文化、艺术和文学问题交换看法与和观点。

在这别具一格的招待会上，全国文化、艺术与文学委员会秘书长拜德尔·阿勒利法伊阁下发表演讲，赞扬了我对阿拉伯文化做出的诸多贡献，范畴涉及著作权、革新、教学和很多科学项目。弗埃德·阿勒沙迪代表所有阿拉伯作家发言，对我与他们相聚在科威特，表示非常高兴、感激、荣幸和骄傲。

在招待会期间，阿拉伯海湾剧团表演了名为《日与夜之间的争论》的话剧片段之后，接着便呈上了我写的剧本片段，该剧曾在沙迦戏剧日汇演期间上演。瓜拉尼文化节导演——作家兼小说家塔勒布·阿勒利法伊向观众介绍了我。

我开始演讲，从阿拉伯历史中引经据典，谈到失败主义和消极否定一度成为标准，那时阿拉伯人遗弃了天房（真主的房子），被领到山里，当时阿比西尼亚人亚伯拉罕想毁掉天房。但是，随着先知穆罕默德（PBUH）的诞生，事态发生了戏剧性的变化，《古兰经》第一节的启示就是“读”这个字，对于阿拉伯人来说，这昭示着转变的实质，即从失败主义和消极否定转变为人类文明的先驱。

然后，我谈到了更新换代变化的理论，引用了很多例子，先知摩西的子民在西奈的荒漠里走了40年，直到新的一代人出现，才延续了生产率和良善美德。在阿巴斯王朝统治期间，阿拉伯-伊斯兰乌马公社处于鼎盛时期，成千上百的抄经人在智慧之家工作，他们翻译波斯文化的著作，并不畏惧波斯人的拜火教；他们翻译罗马文化的著作，并不畏惧罗马人的基督教——实际上，他们无所畏惧地与所有文化都有过交集。对于他们开始接触到的所有文化，他们担当着转送者的作用，他们校正和更新知识，并将之传播到全世界。我还引证了穆斯林西班牙的光辉榜样，克里斯托弗·哥伦布为了起航前往新大陆，使用的就是阿拉伯学者和科学家绘制的航海图。

我和客人们就一些问题进行了探讨，并交换了观点，譬如关心艺术和戏剧团体的问题，以及阿拉伯世界里的文化与教育事宜，此外还有为了修正西方世界对阿拉伯形象的成见，而与“他人”发生的冲突问题。

翌日上午，即1月11日，我在巴扬宫下榻处接待了科威特信息大臣穆罕默德·阿勒塔赫阁下。在会谈期间，我们讨论了媒体和文化方面的问题，还谈到了媒体在发展阿拉伯社会和扩展人民知识水平面中所发挥的作用问题。阿勒塔赫阁下表示见到我很高兴，并强调指出瓜拉尼文化节选择我作为年度人物，绝对是个正确的决定。除了我的随行代表团以外，参加会谈的还有杰赫拉省省长兼礼宾代表团团长谢赫阿里·贾比尔·艾哈默德·萨巴赫，以及他的随行人员，还有阿联酋驻科威特大使。

拜会科威特埃米尔

那天上午我在巴扬宫受到科威特国埃米尔谢赫贾比尔·艾哈默德·贾比尔·萨巴赫殿下接见。科威特首相谢赫萨巴赫·艾哈默德·贾比尔·萨巴赫会见时也在场。埃米尔殿下首先对我表示欢迎，并强调说，这次令人愉悦的访问，将会为了加强和促进我们两国之间的合作而做出贡献，从而造福人类。

在会谈期间，我也着重强调了将我们两国连接在一起的牢固关系。我说这种关系既稳固又特别，有史以来一贯如此。我又补充说，酋长国人民永远不会忘记，在缔结联盟之前，科威特为他们所做的一切。

在会见结束时，我把自己刚出版的一本新书赠送给殿下：《科威特宣言：谢赫穆巴拉克·萨巴赫传》。

科威特国民议会

然后，我造访了科威特国民议会，会晤了议会发言人贾塞姆·穆罕默德·胡莱菲阁下和几位代表。我称赞了科威特的成功民主经验，突出强调了国民议会在促进科威特民主进程、服务社会和推进国家议事日程进程中所发挥的重要作用。我还赞扬了国民议会开展具有实质性和建设性的讨论与批评，在一个以宪法治国的国家里，证明了科威特公民享有的自由程度，科威特宪法认可政权分立，并保护个人自由和人权。

在会谈期间，我强调了在我们宗教教义和导向的语境之内，关于妇女的价值和重要性，以及她们在社会、文化和政治领域中所担任的角色，此外还着重提到了妇女的合法性与尊严受到限制问题。我还强调了在社会中树立民主意识的重要性，以及培养儿童民主意识的必要性，旨在培养理解民主含义的后代，并且让他们能够肩负起义务和责任，去行使这个民主权利。我引证了沙迦的一个范例，即沙迦通过儿童中心，在全国范围内援助青少年。我还提到了这些儿童中心的成功经验，他们通过选举成立了一个儿童议会。

发言人向我简要介绍了国民议会制定国家计划和处理民生问题的各种活动和提议。他补充说，作为一个立法机构，国民议会为科威特社会成功地建立了一些机制和机构，从而为举国共睹的迅速发展和进步做出了贡献。

他对我作为科威特的一位特别嘉宾表示热烈欢迎后，接着对我密切关注国民议会以及促进与发扬民主的所有相关事宜，表示称赞和感谢。另外，他还对我多年来就各种问题提出的宝贵建议、观察和忠告，表示无比感激。然后，他祝愿沙迦和阿联酋在各个领域取得全面进步和发展。

1月11日晚，我会见了科威特王储谢赫萨阿德·阿卜杜拉·塞勒姆·萨巴赫殿下，他对我表示欢迎，希望我访问愉快。在会谈期间，就连接我们两国的友好关系问题，我们交换了观点。然后，我赠送给王储一本我刚出版的新书。出席会见的还有第一副首相兼内政大臣努瓦夫·艾哈迈德·贾比尔·萨巴赫、一些显要人物、我的随行代表团成员，以及阿联酋驻科威特大使。

剧团徽章

同一天晚上，我在巴扬宫下榻处接见了科威特阿拉伯剧团的几位成员，他们诚心诚意地送我一枚剧团徽章，作为我为支持阿拉伯和海湾地区戏剧运动付出努力的答谢纪念。我对他们说，如果有效利用的话，戏剧将会在服务社区方面起到一个重要作用，我还提到，在阿拉伯世界中，虽然戏剧有着高贵的历史，但依然需要扶持并促进其技术发展，以便跟得上其他国家的发展步伐，因为其他国家的戏剧普遍流行，并受到重要机构和国家的支持。我赞赏莎士比亚戏剧数百年以后，仍然在英国舞台历演不衰，想看戏的人得提前预订座位才行。我说，作为科威特人民的精神财富，科威特成了文化、艺术和戏剧方面的领跑者。我还指出，唯有通过科威特人民之间的合作与团结，以及大家对严肃纪实题材的戏剧产生兴趣，才有可能取得这样的成功。

弗埃德·阿勒沙迪编剧代表科威特阿拉伯剧团成员和全体观众，赞扬了我对文化和戏剧方面的兴趣，并提起沙迦戏剧日汇演做出的巨大贡献，譬如兴建了一个与众不同的剧院，并上演反映社会关注问题的剧作，使地方剧团增加互动。

拜访谢赫努瓦夫·艾哈默德·贾比尔·萨巴赫

第二天，即1月12日，我拜访了科威特国第一副首相兼内政大臣谢赫努瓦夫·艾哈默德·贾比尔·萨巴赫。在内政部总部举行的会谈期间，我们回顾了两国之间的双边关系，并讨论了在各个领域加强双边关系的方法。我从沙迦的观点出发，赞许两国领导对双边关系所表示的关注，为了在所有层面上加强两国之间的合作前景，我们应该不遗余力，旨在实现两国人民心中的强烈愿望。

谢赫努瓦夫也表示了自己的信心，他坚信我这次访问将会对深化两国之间的对话和相互尊敬做出贡献。会谈结束时，我向谢赫努瓦夫赠送了自己的一本著作《科威特宣言》。出席会议的还有礼仪接待委员会主席谢赫阿里·贾比尔·萨巴赫、副内政大臣纳赛尔·奥斯曼将军，以及阿联酋驻科威特大使。

科威特科学发展基金会

在科威特科学发展基金会，我接见了董事会董事和部门主任。在访问科威特期间，我了解了该基金会的成就，工作性质、扶持项目以及服务宗旨，包括支持旨在促进科威特和阿拉伯世界科学进步的任何研究工作。关于这种基金会的金点子，给我留下了极其深刻的印象。玉成此事的元老是该基金会董事会主席科威特埃米尔谢赫贾比尔·艾哈默德·贾比尔·萨巴赫殿下，当时他是王储。另外，还让我印象深刻的是，该基金会自创立以来，在这么短时间内所取得的光辉成就，以及已经实施完成的项目。我祝愿基金会万事成功。

科威特港口管理局

1月12日晚，我在巴扬宫下榻处接见了科威特港口管理局的一个代表团。出席会见的有谢赫阿里·贾比尔·艾哈默德·萨巴赫殿下和阿联酋驻科威特大使。我对代表团成员表示了欢迎，强调了港口管理局的历史悠久和根深蒂固的渊源，我觉得可以这样认为，当科威特的船队停泊在每个港口时，科威特人与海洋打交道的经验有多深长广博，那么港口管理局的历史根基就有同样的深度与广度。

代表团成员从他们的观点出发，赞扬了我对科学研究项目的支持与关心，称颂了我对地缘政治学的兴趣和对收集珍稀航海图的热情。然后，代表团赠送我一套海洋科学丛书。另外，还赠送给我一幅画，上面画着各式各样的水手结。

瓜拉尼文化节

在瓜拉尼文化节上授予我年度人物之荣誉称号之际，我的来访恰逢该文化节十周年庆典，阿联酋驻科威特大使馆新闻处出版了一本32页的纪念册，大使阁下为此写了序言。序言里列举了我的文化成就，以及我在认识论、知识、人文领域的贡献。纪念册里的详细介绍，证明我入选年度人物当之无愧。纪念册还介绍了教育、媒体和文化领域的决策者，提倡塑造阿拉伯和穆斯林个性的基本价值观——以及与信仰和信念相关的所有价值观——这些价值观应该给予应有的重视，旨在实现全能的真主之意志，从而使他们成为最蒙恩的子民。

纪念册专门列出了我出版的著作、设立的机构和委员会、在服务伊斯兰和穆斯林过程中的成就，以及在文化领域里的贡献。纪念册还列举了我们国家的文化和媒体成就，同时附上文化与信息部的记录图片，以及阿联酋在促进文化方面所起的作用时我提出的口号：“有形的革命业已足矣——让我们转而塑造人类个性吧。”

全国文化、艺术与文学委员会为我举办了一个颁奖典礼。颁奖典礼在达斯玛剧院举行，由谢赫萨巴赫·艾哈默德·贾比尔·萨巴赫首相主持颁奖典礼。另外，出席颁奖典礼的还有第一副首相兼内政大臣谢赫努瓦夫·艾哈默德·贾比尔·萨巴赫、很多学者、知识分子、信息部和其他文化、知识、学术、艺术基金会的高级官员。谢赫阿里·贾比尔·艾哈默德·萨巴赫和阿联酋驻科威特大使也出席了颁奖典礼。

届时，科威特信息大臣和全国文化、艺术与文学委员会主席发表了一个演讲，他说：“……今天，我们把这个荣誉授予一位年度人物，他是阿拉伯文化的象征之一，他是将政府地位、正义与政府、学者对文化、创作和谦逊的热爱结合在一起的人士。我们将荣誉授予谢赫苏尔坦博士殿下，就是将荣誉授予一位巨人学者——他通晓历史、地理、创作、文学、戏剧与艺术。”

接着，文学协会秘书长讲话，他以文学的名义，代表参加文化节的知识分子、文人、思想家和艺术家，提到我的文化和创作角色，强调我是那些有识之士中的一份子，证明唯有善待学者和赞助学术，国家才能发展和进步。他说，沙迦是一座灯塔，光芒普照着阿拉伯湾和远方的海岸。然后，秘书长列举了我的出版著作，接着放映了一部阿里·拉伊斯摄制的纪录片，介绍了沙迦的情况和我的生平。

然后，以科威特政府的名义，我应邀走上讲台，接受荣誉称号。在会场设在达斯玛剧院大厅的颁奖典礼期间，科威特著名小说家伊斯梅尔·法赫德·伊斯梅尔向我赠送了他的著作——《谢赫苏尔坦·本·穆罕默德·卡西米博士殿下：别具一格的历史写作》。接着，谢赫努瓦夫·艾哈默德·贾比尔首相代表萨巴赫·艾哈默德·贾比尔·萨巴赫殿下，以科威特和科威特人民的名义，赠予我一块水晶纪念匾，图案是科威特和阿联酋国旗相交于科威特地图之上。在雷鸣般的掌声中，我接受了纪念匾。借此机会，我发表了以下演讲：

奉至仁至慈的真主之名。祈求真主将平安与祝福赐于他的使者——先知穆罕默德以及他的亲属与追随者。

尊敬的来宾们，祈求真主赐予你们平安与宽贷。

今天，我非常高兴，或许略感意外，在这片充满爱与和平的福地上，站在你们面前。这片福地始终沐浴着真主的恩典，充满着对她的人民、对兴旺家族的忠诚，信奉着坚定不移的宗教信仰、价值观与原则。经过最终验定，这就是阿拉伯国家和阿拉伯人的家园。深深埋在她那悠久历史中的是科威特不绝于耳的呐喊：这是阿拉伯人的故国家园。是的，你们没听错我说的话——科威特是所有阿拉伯人的家园，他们在这里找到了圣所和保护，找到了爱与安全。因此，无论是在太平盛世还是在艰难时期，科威特总是第一个伸出援助之手，去帮助她的弟兄和朋友，从未期待或索取任何回报。

我代表阿联酋总统谢赫扎耶德·本·苏尔坦·阿勒纳哈扬殿

下，愿真主保佑他和追随他的最高委员会成员，我向他们的科威特兄弟——科威特国埃米尔谢赫贾比尔·艾哈默德·贾比尔·萨巴赫殿下，愿真主保佑他，以及向科威特政府和高尚的科威特人民，表达了最热情的问候、感激和敬意。

亲爱的弟兄们，在这个对于阿拉伯国家来说非常艰难的时期，面对着方方面面产生的、并影响阿拉伯和伊斯兰国家的急剧变化，除了文化和文明根源之外，阿拉伯人别无所依。因此，阿拉伯人必须紧紧守住自己的身份、知识和科学价值，并且通过科学与知识拥抱进步与发展。

政策和联盟瞬息万变，唯有思想与文化才是不竭之源。通过思想与文化，我们可以开始重建被无效政策之乱风吹走的一切。如同许多其他阿拉伯国家一样，科威特已经品尝过阿拉伯落后与退化年代的苦与痛。不过，感谢全能的真主，感谢忠诚人民的坚强决心与决定，科威特始终会坚定不移，团结一致，能够经得住痛苦而严峻的考验，恢复其作为一个自由、独立、主权国家的历史与文化地位。

亲爱的弟兄们，今天，你们授予我的荣誉，你们给予我的爱，与这个可敬节日的文化和知识个性一起，在国家建设中，在人民与委员会领导下，诚实无欺地彰显出文化与知识的作用。因此，我刚才说自己今天备感幸福喜悦时，并没有拿腔作调，言不由衷。从最广义的观点来看，没有任何东西比文化更贴近我心灵。我祈求全能的真主，认可我无愧于这个荣耀，并指引我满足您的期许。

当我说到，科威特是我文化和早期教育中的重要源泉之一时，并没有夸大其词，因为我还是一个弱冠之年的学生时，就受到了其丰富的滋养。后来，我受到启蒙运动与教育的杰出先驱之理念与观点的影响，受到社会改革倡议者的影响，其中包括已故的谢赫阿卜杜尔·阿齐兹·阿勒·拉希德、谢赫优素福·本·艾萨·吉纳尔、艾哈默德·毕舍尔·祖鲁米先生，还有阿卜杜尔齐兹·侯赛因先生，愿真主宽贷他们。当然，我不会忘记科威特的各种多功能出版机构，大名鼎鼎的《阿拉伯》杂志，我从中学到了意识、文化和知识，当我即将进入成年、开始踏上人生之旅时，在我心里注入了阿拉伯人的身份和归属感。这就是在我心里永远挥之不去的科威特情结，她深深植入我的良心里，怎么可能将之忘怀。

亲爱的弟兄们，我想趁此机会与场合，向科威特埃米尔谢赫贾比尔·艾哈默德·萨巴赫殿下、向谢赫萨阿德·阿卜杜拉·塞勒姆·萨巴赫王储殿下、向谢赫萨巴赫·艾哈默德·贾比尔·萨巴赫首相殿下，表示最衷心、最诚挚的感谢，感谢他们的盛情和慷慨……百感交集，难以言表，唯有祝愿他们安康、幸福、长寿。此外，我们还应该感谢第一副首相兼内政大臣谢赫努瓦夫·艾哈默德·贾比尔·萨巴赫殿下、杰赫拉省省长兼礼宾代表团团长谢赫阿里·贾比尔·艾哈默德·萨巴赫阁下、信息大臣兼全国文化、艺术与文学委员会主席穆罕默德·阿布杜拉·阿勒塔赫阁下、协商会议秘书长拜德尔·阿勒利法伊先生阁下、向所有工作人员，对他们出色地组织了这个喜庆节日及其相关盛事，表示感谢。我们把访问的科威特国当成自己的国家，触目可见的目标成就，对我们形成了巨大的冲击力。对完美细节的关注程度，对于我们亲爱的科威特兄弟来说，已经司空见惯，不足为奇。

亲爱的弟兄们，因为科威特以这么一种妙不可言的方式，授予我一个意外惊喜的荣誉，选择我作为第十届瓜尔尼文化节的年度人物，这种懿行美德根植于阿拉伯的慷慨传统，所以我觉得为了向尊贵的科威特各位酋长和忠诚的人民，表达我们的爱、我们的感激之情和谢意，作为一种不算失礼的回报，仅以一份薄礼相赠，聊表在下感激与自豪之情，此外也表示认可科威特在所有层面上一贯发挥的前卫与先驱作用。我相信，无论我的礼物价值多少，对于科威特来说，都不可能公正，或者也不可能反应其不胜枚举的慷慨美德。但是我们却从中找到了安慰，恰如阿拉伯诗人所咏，高尚的人民会原谅这种缺憾。

亲爱的弟兄们，因为这是一个知识与文化的场合，所以我觉得应该送给科威特和贵国人民一本书。这本书研究了科威特现代史，重点叙述了历史学家曾经忽略或忽视或有意颠倒或其他怎么的几个方面。这是因为记录历史是一种信任，是一种责任，必须自觉自律，必须不偏不倚。于是，在过去几个月里，我发现自己在与时间赛跑，力争按时完成这部达到最高研究水准的专著。为了在事实和历史事件中，突出与保护科威特的权利，这本名为《科威特备忘录》的著作，通过仔细回顾已故科威特酋长谢赫穆巴拉克·萨巴赫殿下的一生，愿真主宽贷他，记录了科威特的现代史。殿下作为一个风云人物，还不曾有人以一种客观忠实的方式予以研究。因此，为了避免先入为主，我将此书留给你们去研读。该书中收录的一些阿拉伯、英国、德国和土耳其文献，都是首次公布于众。

除了这个展览[1]和我的《历史地图上的海湾（1493—

1　这是一个历史地图展览，重点展现科威特。

1931）》，书中收录了首次公布的地图，几乎所有重点都聚焦在过去五百多年的科威特国上。[1]

亲爱的弟兄们，请接受我的歉意，这个演讲太过冗长了，不过科威特确实值得大讲特讲，值得我们细水长流地予以诠释，并讨论其名列前茅的先锋作用与地位。

结束演讲时，我再次表达了对科威特、对科威特埃米尔、政府、忠诚人民的诚挚谢意，感谢所有的盛情款待和这个充满友善的荣誉。

我祈求全能的真主保护科威特。祈求真主宽贷为了保卫科威特献出生命的先烈们，以最好的报答彰显他们的尊严。真主聆听所有祈祷者的祈求。愿真主赐予你们平安与宽贷。

那天黄昏的晚些时候，我主持展览会开幕，在阿布杜拉－塞勒姆区艺术大厅，展出了从15世纪到19世纪的科威特和海湾地区历史地图。然后，全国文化、艺术与文学委员会在科威特塔举办了一个招待晚宴。

1月13日上午，我前往迪瓦尼亚宫拜访谢赫阿里·贾比尔·艾哈默德·萨巴赫。我受到了阿里酋长、众多显要人物和高级官员的热情接待。接着，我参观了科威特科学中心，受到了拜德尔·阿勒利法伊和董事会主席穆吉尔·苏莱曼·穆塔菲的接待。

当天晚些时候，我结束了对科威特进行为期四天的正式访问，返回沙迦。

1　此书于1999年出版。

第十二章

巨大损失

2004年11月2日晚，阿联酋总统谢赫扎耶德·苏尔坦·阿勒纳哈扬与世长辞。谢赫扎耶德1918年生于阿布扎比。1946年，作为他哥哥的代表——当时的阿布扎比酋长、已故谢赫·谢赫布特·本·苏尔坦·阿勒纳哈扬，他成为艾因市及其东部地区的酋长。他勤政有成，使教育、贸易、农业各个方面都得到了发展。1966年8月6日，谢赫扎耶德继任阿布扎比酋长国酋长。1971年12月2日，他联合谢赫拉希德·本·赛义德·阿勒马克图姆和其他酋长国酋长，成立了阿拉伯联合酋长国。

阿联酋和阿布扎比酋长国的损失

2004年11月3日下午，阿联酋——阿联酋人民和政府——举国哀悼阿联酋总统谢赫扎耶德·本·苏尔坦·阿勒纳哈扬殿下逝世。众多世界各国领导人、总理和高级官员参加了葬礼，向这位伟人告别。

站在哀悼人群之首的是阿联酋总统谢赫哈利法·本·扎耶德·阿勒纳哈扬殿下。参加葬礼的人还有副总统、总理、迪拜酋长谢赫马克图姆·本·拉希德·阿勒马克图姆殿下、酋长国统治者最高委员会成员、阿布扎比王储谢赫穆罕默德·本·扎耶德殿下、副总理谢赫苏尔坦·本·扎耶德殿下、谢赫扎耶德的王储、儿子和孙子、各位酋长殿下、各位部长阁下、高级文官和高级武官、众多公民和侨民、世界各国领导人及其随行代表团、外交使团团长。葬礼祈祷在位于巴提恩区的谢赫苏尔坦·本·扎耶德清真寺举行。

参加葬礼祈祷的那些人中，有阿曼苏丹卡布斯·本·赛义德陛下、巴林国王哈马德·本·伊萨·阿勒哈利法陛下、约旦国王阿卜杜拉二世陛下、王储、第一副总理、沙特国民卫队司令阿卜杜拉·本·阿卜杜勒–阿齐兹王子殿下、阿尔及利亚总统阿布杜勒–阿齐兹·布特弗利卡、叙利亚总统巴沙尔·阿萨德、也门总统阿里·阿卜杜拉·萨拉赫、伊拉克总统加齐·乌杰尔·亚瓦尔、苏丹总统奥马尔·哈桑·阿勒巴希尔、巴基斯坦总统佩尔韦兹·穆沙拉夫、阿富汗总统哈米德·卡尔扎伊、卡塔尔王储谢赫塔米姆·本·哈马德·阿勒萨尼、摩洛哥王储拉希德王子、巴林首相谢赫哈利法·本·萨勒曼殿下、伊拉克总理阿亚德·阿拉维、利比亚领导人穆阿迈尔·卡扎菲之子赛义夫·伊斯兰·卡扎菲。

在阿布扎比市巴提恩区的苏尔坦·本·扎耶德第一清真寺[1]，显要人物和成千上万的人民一起举行特别葬礼祈祷。祈祷之后，扎耶德酋长的埋体，覆盖着阿联酋国旗，在含悲缓移的队列中，由哀悼者用肩膀抬着，放进一辆特制的灵车。灵车载着埋体，缓

1　谢赫·苏尔坦·本·扎耶德一世曾是阿布扎比前任酋长（1922–1926在任），他是谢赫·扎耶德·本·苏尔坦·阿勒纳哈扬之父。

慢地驶向阿布扎比市谢赫扎耶德·本·苏尔坦清真寺落葬。举国上下，一片哀恸，成千上万的民众从凌晨就排起长队，等待最后再看一眼他们痛失的敬爱领袖，并赞颂谢赫扎耶德为了祖国的繁荣，献出了毕生的奋斗与牺牲。

最高委员会推选谢赫哈利法接任阿联酋总统

2004年11月3日，最高委员会全体一致同意推选阿布扎比酋长谢赫哈利法·本·扎耶德·阿勒纳哈扬出任阿联酋总统。委员会成员在阿布扎比市巴提恩区开会，由副总统、总理、迪拜酋长谢赫·马克图姆·本·拉希德·阿勒马克图姆殿下担任会议主席。我出席了会议，其他与会人有阿布扎比酋长谢赫哈利法·本·扎耶德·阿勒纳哈扬殿下、哈伊马角当时的酋长谢赫萨克尔·本·穆罕默德·卡西米殿下、富查伊拉酋长谢赫哈马德·本·穆罕默德·阿勒沙尔吉殿下、乌姆盖万酋长谢赫拉希德·本·艾哈迈德·穆阿拉殿下、阿治曼酋长谢赫·胡麦德·本·拉希德·努艾米殿下。

总统办公室发表了一个声明：根据《永久宪章》第五十一条，全体一致同意推选阿布扎比酋长谢赫哈利法·本·扎耶德·阿勒纳哈扬，接替已故谢赫扎耶德出任阿联酋联合酋长国总统。全体殿下一致确认，他们将忠于已故总统扎耶德制定的领导和政府的崇高原则。最高委员会表示，相信阿联酋人民依然应该是联盟的保护者，他们会保卫各个层面已经取得的巨大成就。

谢赫哈利法殿下表示感激各位弟兄，各位酋长给予他的宝贵信任，确认他将继续遵循谢赫扎耶德制定的各项原则。

结语

2010年3月2日晚上，我当选谢赫扎耶德图书奖文化奖年度人物。在阿布扎比举行的颁奖典礼上，我发表了以下演讲：

奉至仁至慈的真主之名，愿平安与你们同在。

我想感谢谢赫扎耶德图书奖委员会，选择我作为文化奖年度人物（2009—2010）。今天，我不想谈及这个奖项及其范围之内的事情，而是想表表这个图书奖的创始人。40多年以前，英国工党政府外交大臣来到这片土地上，宣布与英国有关的一切机构均不得撤离苏伊士运河区的英军基地。但是就在6个月以后，这个供职于同一个政府的同一个外交大臣，又宣布紧急撤离基地驻军。

于是，人人震惊，相关诸方各行其是。面对势必发生的浩劫，人们七嘴八舌，互相指责，外国开始伸手，这块被抛弃的蛋糕，谁都渴望抢到一角。然而，还没等这种局面发生，阿拉伯地平线上便升起了一颗明亮的星。正如一个阿拉伯诗人曾经这样吟诵道，“一颗指引方向的星，为漂泊的旅人升起，熠熠星光，反射在水面上。”这颗指路星辰就好比是扎耶德·本·苏尔坦·阿勒纳哈扬。他是位具有真知灼见的人，知道如何朝四面八方大步飞跃：让饥饿的人有饭吃，让害怕的人得安慰，让不识字的人受教育，他还创建了一个国家。确切地说，他自己就代表一个完整的国家。

他把这个年轻的国家推到了前列，在民生的各个领域，一天一天地不断取得进步。依靠谢赫扎耶德的英明决策，这个国家励精图治，获得了全世界各个国家的爱与尊敬。然而，就在斋月里的这一天，我们听到了谁都怕听到的那几个词。那几个浸透了悲哀的词语，撕裂了我们的心。扎耶德死了。我们的眼睛涌满了泪水，我们的心灵因悲痛而深重，我们向他诀别，低低垂下我们的头，我们接受全能真主的旨意，我们顺从真主。随着时间的流逝，我们复又开始欢笑嬉戏，我们对扎耶德的忠诚好像正在动摇。但是，我们怎么能动摇呢？——是扎耶德养育了我们，是扎耶德教导了我们，并训练了我们像扎耶德那样做人行事。

从这个讲台上，我想呼吁所有与会者和所有的电视观众，我呼吁母亲们，我呼吁父亲们，拿起一支笔，把你们的孩子召唤到身旁，写下扎耶德喜欢的那些事，也写下他不喜欢的那些事。然后，让我们把那些纸页收集放好——不要放到容易忘记的书架上，也不要用来写歌词——而是安放在我们的心里，安放在我们阿联酋宪章的序言中。只有这样，我们才能证明自己对这个伟人的忠诚。谢谢你们听我演讲。愿平安与你们同在。

我以此结束这段历史叙述。它从1971年12月2日阿联酋建国开始，到2004年11月2日已故谢赫扎耶德·本·苏尔坦·阿勒纳哈扬去世结束。

我一直这样认为，在面临巨大挑战的时期，多亏谢赫扎耶德驾轻就熟地指挥着这个国家，他才能设法引导这个国家安全地靠岸。祈求真主宽贷他。